Am Fluss entlang

14 Erlebnistouren zwischen Main und Inn

Süddeutsche Zeitung Edition

Impressum

© Süddeutsche Zeitung GmbH, München
für die Süddeutsche Zeitung Edition 2013
Reihe „Bayern entdecken"

Projektleitung: Sabine Sternagel, Daniela Wilhelm-Bernstein
Art Director: Stefan Dimitrov
Lektorat: Daniela Wilhelm-Bernstein
Grafik, Satz und Litho: Sibylle Schug
Karten: Hanna Eiden
Herstellung: Herbert Schiffers, Hermann Weixler
Druck und Bindearbeiten: Westermann Druck Zwickau Gmbh
Printed in Germany
ISBN: 978-3-86497-098-6

Titelbild: Blick auf die Stadtmauer von Abensberg

Am Fluss entlang

14 Erlebnistouren zwischen Main und Inn

Süddeutsche Zeitung Edition

Inhalt

Genussradeln pur durchs fränkische Weinland.

*Abseits der Touristen-
ströme an der wild-
romantischen Ammer
entlang.*

*Perfekt für Familien
mit Kindern: Eine
Erlebnistour mit dem
Paddelboot auf der
Altmühl.*

Radeln mitten im Gebirge, auch ohne Mountainbike: Durch die prächtige Valeppschlucht führt ein kleines Asphaltsträßchen.

Das ganz große Radlerglück

Abseits der Touristenströme am Wildbach entlang zum Schliersee – ein Traum für stramme Wadln

Man wird das Tegernseer Tal nicht unbedingt als touristischen Geheimtipp bezeichnen können. Dazu ist es bei den ausländischen Besuchern zu bekannt: Nach Abstechern in München und zum Schloss Neuschwanstein nehmen sie gerne noch die Berglandschaft um Baumgartenschneid und Fockenstein mit; vor allem aber ist das Tal bei den Münchnern selbst beliebt, die es doch so nahe haben. An schönen Wochenenden jedenfalls quält sich Cabrio an Cabrio im Stau an den Seeufern entlang. Hier

Auf rund sieben Kilometern kann man das Rad entspannt laufen lassen. Gegenanstiege sind nur kurz.

also soll man auch an solchen Tagen einen gemütlichen Ausflug machen können?

In der Tat, man kann. Die Radtour hinter in die Valepp, vom Tegernsee auf kaum befahrener Mautstraße hinauf zum Spitzingsee, ist nie überlaufen. Sie ist ein Klassiker unter Rennradfahrern, lässt sich dabei aber im Prinzip mit jedem Fahrrad machen, das eine ausreichend leichte Übersetzung bietet. Denn steil wird es auf dieser Runde schon.

Für den Start von Miesbach aus empfiehlt sich die Anreise mit der Bayerischen Oberlandbahn (BOB); der Weg vom Bahnhof aus bis ans Ufer der Mangfall ist der einzige etwas komplizierte Abschnitt dieser Runde, bei der man sonst selten weit vom nächsten Gewässer entfernt ist. Vom Miesbacher Bahnhof aus hält man sich südlich. An dem, was folgt,

Die Valepp rauscht ein paar Höhenmeter unterhalb der Straße dahin.

Auf flachen Passagen lässt es sich entspannen; das tut auch Not, denn zwischenzeitlich muss man doch recht steile Anstiege überwinden.

lässt sich auch der immense Reichtum dieses Teils von Oberbayern erkennen: Die typische Haglandschaft mit ihren großen zusammenhängenden Weidewiesen bietet Rindern einerseits genügend Nahrung, andererseits spenden die Baumreihen auch Schatten an heißen Tagen; die Landwirtschaft lebte seit Jahrhunderten davon.

Heute ist die Haglandschaft allerdings in Gefahr, Heimatpfleger beklagen den Ausbau von Gewerbegebieten, sie fürchten eine allmähliche Zersiedelung. Der radelnde Ausflügler genießt indes noch wunderbare Ausblicke, die er zudem bestens erreichen kann, weil die kleinen Sträßchen allesamt asphaltiert sind. In ärmeren Gegenden führen solche Strecken oft über holprige Geröllpisten; hier kann man es dahinrollen lassen inmitten der Natur. Da ist es auch gar nicht schlimm, wenn man sich einmal verfährt. Ziel sollte schlicht die Mangfall sein, die man in westlicher Richtung ansteuert. Für die Details hilft nur das Studium einer Karte.

Hat man die Mangfall erst einmal erreicht, kann man ganz einfach nach Gmund weiterradeln und von dort aus flach am Seeufer entlang. Eine Alternative ist der Panoramaweg eine Etage höher, auf dem man sich an den Wegweisern zum Bodensee-Königssee-Radweg orientiert. Ein paar Kilometer lang bietet sich so ein schöner Blick über den Tegernsee. Der Preis ist, dass man erst einmal die paar Höhenmeter kernig bergauf radeln muss – ein Vorgeschmack auf das, was noch kommt.

Spätestens bei Sankt Quirin wird man an der Bundesstraße aber nicht vorbeikommen, die hier immerhin einen brauchbaren Radweg hat. Danach, in Tegernsee, kann man souverän lächelnd die Autofahrer im Stau passieren, ehe man in Rottach-Egern den Trubel hinter sich lässt. Halblinks geht es in die Ludwig-Thoma-Straße, die schon bald zur Valepper Straße wird – der Höhepunkt der Runde ist jetzt schon ziemlich nahe. An der Mautstation bei Enterrottach können Radfahrer ge-

Wanderschuhe dabei? Entlang der Strecke bieten sich auch mehrere Abstecher zu Fuß an, etwa eine Wanderung auf den Schinder.

Die Strecke führt an Almwiesen, Hütten und Verschlägen vorbei. Vorsicht ist geboten, wenn der Linienbus einige Male am Tag durchs Tal fährt.

1
Anker

1¼ Std.
nach Enterrottach

1¼ Std.
nach Valepp.

Diese Hinweise richten sich an den Wanderer. Mit dem Rad ist man schneller, ob bergauf oder bergab.

trost vorbeifahren. An dieser Stelle sollte man sich schon auf eine ernstzunehmende Plackerei eingestellt haben. Auf den nächsten drei Kilometern sind immerhin 250 Höhenmeter zu überwinden, teilweise gibt es Steigungen von zwölf Prozent und mehr. Zur Rechten plätschert dabei das Wasser der Rottach. Dies bringt auch die eine oder andere steile Passage mit sich. Den Abzweig zum Wallberg ignoriert man und fährt links weiter zum Suttengebiet, wo man zur Abwechslung auch in den Sessellift Richtung Stümpfling steigen könnte. Dann freilich würde der Lohn des Bergaufradelns unerträglich lange auf sich warten lassen.

Was nun folgt, das dürfte eine der schönsten Strecken sein, die man überhaupt mit dem Rad auf Asphalt erreichen kann. Ein paar Höhenmeter geht es im Wald noch bergauf, ehe man die Passhöhe am Wechsel erreicht hat. Nun folgt der reine Genuss: Sanft und

doch schön rasant geht es bergab, auf einem schmalen Sträßchen, an Almwiesen, Hütten und Verschlägen vorbei. Das Gewässer zur Rechten heißt nun Weiße Valepp und fließt, den Gesetzen der Schwerkraft folgend, in Fahrtrichtung durch ein immer enger werdendes Tal. Irgendwann befindet man sich zwischen Felswänden, blickt hinauf und rauscht weiter dahin, die Nase im Fahrtwind, dabei nie so schnell, dass man sich vor der Geschwindigkeit fürchten müsste. Auf sieben Kilometern lässt sich hier unbeschwertes Radlerglück erleben. In den Kurven freilich ist Aufmerksamkeit gefragt, vor allem, weil hier jederzeit der Linienbus entgegenkommen könnte, der einige Male am Tag durch diese Schlucht fährt.

Nach einem kurzen Zwischenanstieg wird schließlich der Zusammenfluss von Weißer Valepp und Roter Valepp erreicht, die weiter oben im Spitzinggebiet entspringt.

Der Weg in die Valepp ist nur ein kurzer Abstecher vom vielbesuchten Tegernsee. In der Schlucht, am Wasser, hat man praktisch immer seine Ruhe.

Der Kaiserschmarrn der Albert-Link-Hütte hat einen ausgezeichneten Ruf. Wer bis dahin, kurz vorm Spitzingsattel, Kraft hat, kann sich dort für die Plackerei belohnen.

Entkräftete nehmen rechts den wenige hundert Meter langen Abstecher zur Einkehr im Forsthaus Valepp; wer noch Kraft hat, sollte diese gleich für den weiteren Anstieg zum Spitzingsee, entlang der Roten Valepp, nutzen. Noch einmal also bergauf, etwas gemächlicher, aber nicht weniger schön als vorher schon. Kurz vor dem Spitzingsee bietet sich hundert Meter links vom Weg eine ausgedehnte Pause an der Albert-Link-Hütte an. Der karamellisierte Kaiserschmarrn dort hat einen ausgezeichneten Ruf.

An dieser Stelle kann man dann auch mächtig stolz auf sich sein, hat man doch alles in allem schon an die 1000 Höhenmeter bewältigt. Viele sind es nicht mehr, ein paar bis zum Spitzingsee, an dem man rechts vorbeifährt. Weitere 50 warten auf dem letzten Stück bis zum Spitzingsattel, mit 1129 Metern über dem Meer die höchste Stelle dieser Runde. Es folgt eine wirklich schnelle Abfahrt – die Spitzingstraße Richtung Neuhaus ist gut ausgebaut, hat kaum Kurven und ist ziemlich steil. Ängstliche bremsen lieber etwas mehr (besser vereinzelt stark als permanent leicht, die Bremsen können sonst überhitzen). Wer ein gutes Fahrrad hat, dem er vertraut, kann hier auch mit Geschwindigkeiten um die 80 Stun-

Und immer wieder glasklares Gebirgswasser. Das macht die Tour so schön!

denkilometer sicher ins Tal rauschen. „Höhenmeter vernichten" nennen Radfahrer diese Übung.

Wer genug hat von den Mühen, radelt unten vor der Bundesstraße den gemütlichen Radweg entlang nach Neuhaus, wo die BOB im Stundentakt Erschöpfte einsammelt. Dann allerdings würde man natürlich das gemächliche Ausrollen links des Schliersees versäumen, in dem sich auch noch eine Runde schwimmen lässt. Komplett ist die Rundtour außerdem erst, wenn man es zum Ausgangsort zurück schafft, was jetzt sehr einfach ist. Die Schlierach dient zur Orientierung auf diesem Abschnitt, der Weg nach Miesbach auf Nebenstraßen ist für Radfahrer dazu extra ausgeschildert. So passiert man Hausham und Agatharied, ehe man nach gut 60 Kilometern in Miesbach ankommt. Müde und glücklich.

Michael Tibudd

Wer schon früher schlapp macht, kann in der Moni-Alm kurz nach dem Sutten-Lift einkehren.

Aus dem Sattel auf den Bock

Im Gsotthaberhof in Rottach-Egern sind 30 historische Kutschen und Schlitten ausgestellt

Ob der Schah von Persien eines Tages noch mal vorbeischaut am Tegernsee und seine Ansprüche geltend macht? Vermutlich eher nicht, ist er doch eine Figur der Vergangenheit. Zumindest für das Kutschenmuseum in Rottach-Egern ist das eine glückliche Fügung, denn so dürfte das teils güldene, luxuriöse Zaumzeug, das der Schah vor Jahrzehnten bei einem Münchner Handwerker fertigen ließ, es aber nie abholte, auch in Zukunft ein wertvolles und exotisches Exponat im Rottach-Egerner Gsotthaberhof sein.

In diesem Hof stellt die Gemeinde Rottach-Egern etwa 30 historische Kutschen und Schlitten aus, die bei weitem nicht alle typisch für die Region sind und somit einen recht umfassenden Einblick in diesen Vorläufer des Automobils bieten. Historische Postkutschen sind ebenso zu betrachten wie Kutschen vom Typ Viktoria, die lange Zeit Statussymbol wohlhabender Bauern waren. Auch englische Modelle der Baureihe Gouverness haben es nach Rottach-Egern geschafft. Zu verdanken ist die Existenz der Ausstellung dem inzwischen verstorbenen, umtriebigen Rottacher Thomas Böck, der viele Jahre lang Kutschen sammelte. Der damalige Bürgermeister Konrad Niedermaier bemühte sich in den Neunzigerjahren schließlich, die Sammlung öf-

Blick auf die spätgotische St. Laurentius-Kirche in Rottach-Egern.

fentlich zugänglich zu machen. Die Gemeinde kaufte Böck seine Kutschensammlung ab und präsentiert sie seitdem in besagtem Gsotthaberhof. Schließlich will man den Ausflüglern und Touristen ja auch bei bescheidenem Wetter etwas bieten können.

Neben der Dauerausstellung der Kutschen und Schlitten organisiert die Gemeinde ständig wechselnde Zusatzausstellungen, um ein wenig Abwechslung zu schaffen. Die Themen hierfür können ganz unterschiedlich sein. Die Region Südtirol wurde schon in freundschaftlicher Verbundenheit präsentiert oder eine Schau „Auf den Spuren von Ludwig Ganghofer". Aber auch in eigener Sache stellten die Rottacher aus, als es vor Jahren um Tourismus gestern und heute ging, natürlich in der Tegernsee-Region.

Michael Tibudd

Der Rottacher Thomas Böck hat viele Jahre lang Kutschen gesammelt. In den Neunzigerjahren kaufte die Gemeinde die Sammlung.

Miesbach

Agatharied

Gmund

Mangfall

Schlierach

Breitenbach

Schliersee

*Tegern-
see*

Neuhaus

Rottach-Egern

Weißach

Rottach

Spitzingsee

Rote Valepp

Weiße Valepp

Valepp

2 km

N

Valepp

Anfahrt: Anreise am besten mit der Bayerischen Oberlandbahn. Der Platz für die Räder ist begrenzt, deswegen lohnt es sich, auch schon längere Zeit vor der Abfahrt am Hauptbahnhof zu sein. Die Fahrtzeit von München bis Miesbach beträgt 40 Minuten. Fahrradkarte nicht vergessen! Rückfahrt ebenfalls von Miesbach aus.

Tour: Die Route verläuft entlang von sieben Gewässern – Bäche, Flüsse und Seen. Von Miesbach zur Mangfall, dort bis Gmund am Tegernsee. In Rottach-Egern Abzweig nach Enterrottach; bis ins Sutten-Gebiet entlang der Rottach und hinauf in die Valepp-Schlucht, erst an der Weißen, später an der Roten Valepp; rasante Abfahrt vom Spitzingsattel, zurück über Schliersee und Schlierach nach Miesbach. Reine Fahrtzeit für die Rundstrecke drei bis vier Stunden. Insgesamt gut 60 Kilometer mit 1 100 Höhenmetern. Der Fahrradclub ADFC bietet mehrmals im Jahr geführte Touren durch die Valepp an, an denen auch Nicht-Mitglieder teilnehmen können. 2012 gab es erstmals eine Tour mit Elektro-Fahrrädern zum Mieten. Informationen unter www.adfc-muenchen.de.

Charakter: Für Sportliche; teilweise längere Bergauf-Passagen mit Steigungen jenseits von zehn Prozent. Ein Fahrrad mit ausreichend leichter Übersetzung ist zwingend erforderlich, ein Mountainbike dagegen nicht. Für Kinder ab etwa zwölf Jahren geeignet.

Tipp: Kutschen-, Wagen- und Schlittenmuseum im Gsotthaberhof, Feldstraße 16, 83700 Rottach-Egern. Telefon: 08022/704438, Infos unter www.tegernsee.com/Kutschenmuseum.

Karte: Landesamt für Vermessung und Geoinformation Bayern, UKL 12 Mangfallgebirge, 1 : 50 000.

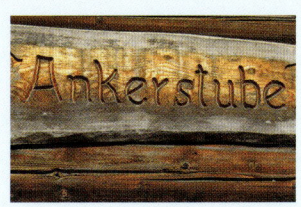

Rudern wie die Römer

Mit einem originalgetreu rekonstruierten Kriegsschiff auf der Naab – immer am Limes entlang

Silbrig und verheißungsvoll glitzert die Naab in der Sommersonne, malerisch ziehen die Wolken über die grünbewachsenen Uferstreifen hinweg, und scheinbar schläfrig schmiegt sich die Regina, ein nachgebautes Flusskriegsschiff der alten Römer, an die hölzerne Anlegestelle vor den Toren Regensburgs. Aber die Antike hat es in sich: „Armin, nimm dei Bruin obi, a Römer hod koa Bruin auf!", schallt es plötzlich über die Flusslandschaft bei Mariaort. Also Brille runter. Und so langsam ahnen die Gymnasi-

Es hat etwas Erhabenes, wie die Regina ruhig im Fluss dahingleitet. Dieses nachgebaute römische Flusskriegsschiff ist so stabil, dass es sich sogar einmal bis nach Budapest rudern ließ.

asten aus Vilshofen, dass ein ruderbetriebenes römisches Militärfahrzeug kein Ausflugsdampfer ist. „Miassn mia jetzt ebbs doa?", lehnt sich da noch ein langer Lackel auf. Aber da verschafft sich auch schon die Stimme des Kapitäns Raum. Um es gleich zu sagen, sie beansprucht sehr viel Raum für sich: „Ruhe! Ihr seid jetzt in der römischen Armee – und da ist Disziplin oberstes Gebot!"

Die Mädchen kichern, doch da kommt schon wieder jener Herr zu Wort, dessen Sätze vorwiegend mit Ausrufezeichen enden: „Ab jetzt spreche nur noch ich! Ich will auf dem Boot kein Geblödel, kein Rumgeschreie, kein Gekichere! Ich hoffe, das ist jetzt klar angekommen! Gut!" Dann plötzlich Stille. Selbst Kapitäne müssen ab und zu Luft holen – aber nur kurz. Es geht sofort weiter: „Okay! Auf dem Boot gibt es kein Links und kein Rechts, sondern nur Steuerbord und Backbord! Die Seite rechts von mir ist Steuerbord! Ich bitte

Schiffe wie dieses dienten einst rein militärischen Zwecken. Daran erinnern auf dem Nachbau die Schilde, die während der Fahrt an der Außenwand befestigt werden – sofort griffbereit für den Kampfeinsatz.

Bitte recht martialisch: Für die Mannschaft der Regina steht genau ein Helm zur Verfügung, und auch der liegt meist an der Anlegestelle rum. Es sei denn, jemand braucht ein Erinnerungsfoto.

die Seite mal aufzustehen! Komplett bitte! Danke! Hinsetzen und merken!" Kurz darauf ist die Regina vollends aus ihrem Schlummer erwacht, und gut acht Tonnen an Spanten, Planken, Kiel, Mast und Mannschaft gleiten vom Ufer weg – hinaus ins Abenteuer.

„So leise sind sie sonst nicht", flüstert die Lehrerin, nicht ahnend, dass die neuangeworbene Truppe des Imperiums gerade ihr erstes Hindernis zu bewältigen hat: eine Brücke mit Pfeilern, die aus der Bordperspektive durchaus Respekt einflößen. Gleichmäßig, so als hätten sie nie etwas anderes gemacht, lassen die Schüler ihre langen Ruder ins Wasser gleiten. Sie werden sie von nun an Riemen nennen und sich daran festhalten, als ginge es um ihr Leben. „Eins! Nein, noch nicht ins Wasser!", tönt es nun fast schon vertraut. Der Käpt'n, der im ganz normalen Leben David Frankl heißt, an der Universität Regensburg Geschichte studiert und kürzlich Vater einer Tochter geworden ist, bleibt sich treu. Die Zeit beim Bund, die hat geprägt: „Zwei! Durchziehen!", schallt es über den Fluss. „Drei! Hallo, das heißt Ausgangsstellung! Wunderbar!"

Heinrich Konen, der sich unter die Mannschaft gemischt hat, ist einer der Väter des Projekts. Er unterrichtet an der Universität Regensburg am Lehrstuhl „Alte Geschichte". Aber im Moment tastet sein Blick das Ufer ab. Gut möglich, dass sich da gerade ein Film vor seinen Augen abspielt: friedliches Ufer mit grünem Gestrüpp – von wegen, Hinterhalt! Die liebliche Insel, da mitten im Fluss – wahrscheinlich eine Todesfalle! Denn überall lauerten sie: diese Markomannen, Alamannen und Juthungen. Barbaren, die um das Jahr 170 nach Christus zunächst das Kastell Kumpfmühl überrannten, 278 gar das erhabene Lager Castra Regina, Stolz der 3. italischen Legion und Keimzelle des späteren

Regensburg. An das verfluchte Jahr 357 nach Christus, in dem die Germanen erneut Tod und Verwüstung brachten, sollte man Konen besser erst gar nicht erinnern.

Es ist an der Zeit, dem militärischen Nachwuchs an Bord klar zu machen, dass die eisenbeschlagenen Holzschilde nicht zum Spaß an der Außenwand des Patrouillienbootes hängen. „Es konnte hier an dieser Stelle jederzeit passieren, dass aus dem Gebüsch heraus ein Pfeilhagel aufs Boot ging", ruft Konen, „und sofort waren zwei bis drei Mann getroffen." Die Mannschaft lauscht gebannt. Dieses Flüsschen, es war in der Antike eine blutig umkämpfte Front – der nasse Limes des Imperiums. Auf dem einen Ufer die Ger-

Für Studenten der Alten Geschichte an der Universität Regensburg ist es Ehrensache, auf der Regina Dienst zu tun und dabei die Neuzeit für einige Stunden hinter sich zu lassen.

Die Überreste des rö-
mischen Militärlagers
Abusina nahe der heu-
tigen Ortschaft Eining
– auf dem Bild unten
rechts ein Altarstein –
künden davon, dass die
Ufer der Donau einst
Frontgebiet waren. Im
5. Jahrhundert wurde
Abusina von den Ala-
mannen überrannt.

manen, die ihre Kinder darben sahen, während am Ufer gegenüber die herrschaftlichen Güter der Römer in der Sonne glänzten. Auf deren Feldern wuchs alles, was ein hungriger Mensch sich erträumen kann. Was lag da also näher, als einen Raubzug zu wagen?

Doch auch die Römer wateten im Blut. Vom ehrwürdigen Geschichtsschreiber Ammianus Marcellinus wissen wir, was geschah, wenn die Grenzen Roms bedroht waren: „Der Cäsar erhielt von diesen Verhältnissen zuverlässig Kunde. Darum ließ er achthundert Soldaten auf mittelgroßen, schnell fahrenden Booten einschiffen; sie sollten den Fluss hinauffahren, an Land gehen und alles, was sie finden konnten, mit Feuer und Schwert verwüsten."

Schlachten werden heute anders geschlagen, und Konen steckt da mitten drin. Vor

gut neun Jahren setzten er und der Althistoriker Christoph Schäfer einen verrückten Traum um. Bei ihnen hatten sich Studenten gemeldet, die als Legionäre in originalgetreuer Ausrüstung über die Alpen marschieren wollten. Dafür brauchten sie Geld. „Gut", dachte sich Konen, „das sollen sie sich verdienen" – mit dem Nachbau eines römischen Flusskriegsschiffes. Die Pläne erhielten sie von Olaf Höckmann, der Anfang der 1980er Jahre mit dabei war, als in Mainz die Reste von fünf Schiffen aus dem vierten Jahrhundert entdeckt wurden – Typ „navis lusoria". Höckmann schied aus Mainz im Unfrieden. Der Nachfolger hält ihm bis heute vor, seine Rekonstruktionspläne seien falsch, das Boot vier Meter zu lang. Also auch die Regina ! Konen schaut nun etwas verzweifelt. „Das Ganze

Streng wacht der Blick des Kapitäns über seine Mannschaft an den Riemen. Mit der Pfeife im Mund gibt er den Schlagtakt an.

nimmt Dimensionen einer theologischen Debatte an", sagt er.

Auf die Regina, da lassen er und seine Leute nichts kommen. Sie sei ein didaktisch wertvolles Instrument, um jungen Menschen die Geschichte nahezubringen. „Und darum geht es doch", sagt Konen. Auch der Niederbayer Frank Jäcklein, der vor neun Jahren auf der Walz in Regensburg vorbeikam, sich am Bau des Römerschiffs beteiligte – und sich schließlich als Bootsbauer in Regensburg niederließ, ist verrückt nach der Regina. „Ich komme nicht mehr von diesem Boot los", sagt er. Mindestens jede zweite Eichenplanke kenne er beim Namen. „Das ist in gewisser Weise mein Baby", bekennt er. Im Jahr 2006 ist dieses Schiff bis nach Budapest gefahren – auch das ein Abenteuer.

Damit Geld für den Unterhalt der Regina hereinkommt, kann das Boot gemietet werden – nicht nur von Schulklassen. Es sind auch schon Fischervereine mitgefahren, Rotary-Clubs oder Freiwillige Feuerwehren. „Die müssen halt mindestens 18 bis 20 ruderfähige Leute mitbringen", sagt Konen auf dem Rückweg. Kurz darauf schmiegt sich die Regina wieder sanft an die Anlegestelle. Gut 30 Angehörige der römischen Marine strömen an Land, verwandeln sich noch auf dem Steg in Vilshofener Gymnasiasten. „Echt anstrengend – aber cool", sagt einer. Bald darauf geht ein neuer Kapitän mit seiner Mannschaft an Bord, allesamt Regensburger Studenten. Es muss wohl an diesem Schiff liegen: Allein der Blick strotzt bereits vor Ausrufezeichen – und sein Pfiff, der ist Befehl! Der vorherige Kapitän steht indes am Ufer und nimmt behutsam sein Töchterchen in den Arm. Auch Römer sind nur Menschen.

Dietrich Mittler

Ein letztes Mal ist Kraft gefragt: Die Regina legt nach einer Tagestour wieder am Ufer an – und nur wenig später sind die römischen Soldaten wieder ganz zivil.

Besuch an der Front

Relikte aus der Römerzeit rund um Regensburg erzählen etwas darüber, was die Schiffspatrouillen am „nassen Limes" einst zu schützen versuchten

Vor 2 000 Jahren war Bad Gögging eines der größten römischen Staatsbäder nördlich der Alpen. Überreste davon sind heute unter der St. Andreaskirche zu sehen.

Wer die Fahrt auf dem Nachbau des römischen Kriegsschiffes genossen hat, möchte sicherlich wissen, was genau die Soldaten zu schützen versuchten, die im 4. Jahrhundert nach Christus in Hunderten Schiffen der Gattung „navis lusoria" auf der Donau und ihren Nebenflüssen patrouillierten. Regensburg und das Umland sind voll von Spuren aus der Römerzeit. Hier verlief einst eine Hauptkampflinie des Imperiums – durchaus vergleichbar mit heutigen Krisengebieten.

Bei einem Rundgang durch Regensburg sind die Überreste des einstigen Legionslagers „Castra Regina" ein Muss, insbeson-

Die baulichen Reste des römischen Militärlagers Abusina sind eine der wenigen, vollständig freigelegten, rekonstruierten Wehranlagen am rätischen Limes.

dere die „Porta Praetoria" – eingebaut ins ehemalige bischöfliche Brauhaus (Unter den Schwibbögen). Auch finden sich in Regensburg immer noch imposante Überreste von Außenmauern des Legionslagers – so auch in einer Tiefgarage am Dachauplatz. Weitere Mauerreste sind in der Adolph-Kolping-Straße zu sehen.

Danach drängt sich ein Besuch im Historischen Museum, ebenfalls am Dachauplatz, geradezu auf: Hier finden sich viele Exponate aus der Römerzeit. Wer dann noch Kraft hat, sollte im Westen der Stadt – in Prüfening am Kronweg 24 – vorbeischauen. Im kleinen Römerpark sind hinter einem Glasbau Fundstücke mit unübersehbaren Brandspuren zu sehen – Zeugnisse der verheerenden Germanenüberfälle.

Für Hartgesottene mit Auto noch ein Tipp: die Überreste des römischen Kohortenlagers Abusina auf dem Donauhochufer außerhalb der Ortschaft Eining nahe Bad Gögging. Es ging Mitte des 5. Jahrhunderts im Alamannensturm unter.

Dietrich Mittler

Kloster Weltenburg ist hier nicht mehr weit, und dort gibt es gutes Bier und herzhafte regionale Gerichte.

Regensburg

Donau

Kneiting

Wallfahrtskirche

Mariaort

---- kleine Tour

Naab

B8

A3

Etterzhausen

500 m

Naab

Anfahrt: Von München kommend auf die A93 Richtung Regensburg, Ausfahrt Pfaffenstein, Richtung Etterzhausen, nach sechs Kilometern liegt Mariaort auf der linken Seite. Oder aus Richtung Nürnberg auf der A3 bis kurz vor Regensburg, Ausfahrt Nittendorf, nach gut acht Kilometern liegt Mariaort auf der rechten Seite. Wer mit Bus und Bahn reist: Mit der Bahn nach Regensburg Hauptbahnhof, dann mit dem Bus Linie 1 nach Prüfening, Endhaltestelle. Von dort aus zu Fuß über die Eisenbahnbrücke (ausgeschildert), die man an der Wallfahrtskirche verlässt. Eine weitere Brücke führt über die Naab – und meist sieht man sie dann auch schon am Ufer liegen: die Regina.

Tour: Ein Ausflug auf der Regina ist problemlos zu buchen beim Lehrstuhl für Alte Geschichte der Universität Regensburg, Telefon: 0941/9433539. Angeboten werden zwei Touren: Die kleine, die etwa eine Stunde dauert, ist insbesondere für Schulklassen geeignet. 160 Euro kostet es für eine Klasse, für zwei hintereinander folgende einer Schule 240 Euro. Buchen Erwachsene das Schiff (Mindestbesatzung 18 ruderbereite Leute, maximal 35 passen aufs Schiff), so kostet die kleine Tour 200 Euro. 300 bis 350 Euro kostet die große Tour bis nach Etterzhausen, die vier Stunden und mehr dauert. In Etterzhausen gibt es in der Regel vor der Rückfahrt Gelegenheit zu einem Picknick. Weitere Besichtigungen – etwa von verborgenen Höhlen am Rande der Strecke – sind möglich. Römerschiff-Kapitäne lassen da mit sich reden.

Tipp: Stunden an der Ruderbank sind schön, aber anstrengend. Speis und Trank gibt es in Sichtweite zur Anlegestelle: Gasthof Krieger, Mariaort, Naabstraße 20, Telefon: 0941/84278.

Ein Kanu kommt selten allein

Für Familien bestens geeignet: Eine Tour über die Altmühl mit dem gemütlichen Schlauchkanadier

Die Altmühl ist der langsamste Fluss Bayerns – doch wenn man sich dem Naturpark im gleichnamigen Tal nähert, mag man das erst einmal gar nicht glauben. Alles erscheint hier so dynamisch: Rasant reihen sich Radler im grellen Wurstpellen-Chic in den Kreisverkehr gleich nach der Autobahnausfahrt Kinding ein und werden gruppenweise ausgespuckt in verschiedene Himmelsrichtungen, die mit Tourhinweisen

Idylle: Schilfbestanden sind die Ufer des Flusses, der der langsamste Bayerns sein soll.

ausgeschildert sind. Auf den buntbeschuhten Fersen folgt den Freizeitsportlern ein Range Rover nach dem anderen, aus den Fenstern schauen fröhliche Gesichter mit Sonnenhüten, die Anhänger sind vollgepackt mit Kanus und Schlauchbooten. In der Ferne rammen Wanderer ihre Nordic-Walking-Stöcke in die Wacholderheide. Der langsamste Fluss Bayerns? Im Altmühltal muss man schon

weit jenseits der schilfbestandenen Ufer suchen, um dem hyperaktiven Freizeitsstress zu entgehen. Die Verwaltung des Naturparks Altmühltal wirbt tatsächlich damit, dass der idyllische Wasserlauf sehr, sehr gemächlich strömt – denn so ist er perfekt geeignet für Touren mit dem Boot. Von Gunzenhausen bis nach Kelheim sind es insgesamt 154 Flusskilometer, die für Familienausflüge empfohlen werden. Wenn hier mal ein Kind

An der Einstiegsstelle am Ortsanfang von Kipfenberg stauen sich die Kanus, Kajaks und Schlauchboote.

„Es gibt nichts, aber auch gar nichts, was annähernd so schön wäre, wie einfach so mit dem Boot herumzugondeln", schrieb Kenneth Grahame.

mit der Schwimmweste aus dem Kanu ins Wasser plumpsen sollte, hätte man es bei der niedrigen Fließgeschwindigkeit schnell wieder herausgefischt. Allerdings nicht auf dem letzten Stück der Route, das über den Main-Donau-Kanal führt – dies eignet sich nur für erfahrene Bootswanderer. Etwa acht Tage würde es dauern, die gesamte Strecke abzupaddeln, vorbei an der Felsgruppe Zwölf Apostel kurz hinter Solnhofen, über die Bootsrutsche bei Dollnstein, durch die Barockstadt Eichstätt oder durch die Biegung unterhalb der Burg Kipfenberg.

Wer das eifrige Sirren der Radspeichen und die rhythmischen Ruderschläge von ehrgeizigen Männerausflugsbooten im Bewegungs-Intensiv-Center Altmühltal ausblenden möchte, kann es ganz leicht viel

Vor der Tour gilt es, den gemütlichen Schlauch-kanadier aufzupum-pen.

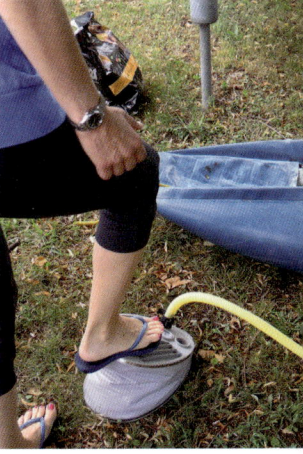

gemütlicher angehen. Etwa während einer Tagestour, bei der man auch mal das Paddel aus der Hand legen kann, aufgescheuchten Entenfamilien nachblickt, und der behäbige Schlauchkanadier sich völlig unfachmännisch so lange im Kreis dreht, bis er auf einer Kiesbank aufsetzt.

Roman von den „Waldmeistern" ist einer von diesen Freizeitscouts, die eher lockere Tagesausflüge organisieren. „Es gibt nichts, aber auch gar nichts, was annähernd so schön wäre, wie einfach so mit dem Boot herumzugondeln", wirbt die Agentur aus München mit einem Kenneth-Grahame-Zitat. Und so haben sich die „Waldmeister" auf Kanutouren auf verschiedenen Flüssen in Bayern spezialisiert, vom bedächtigen Mondscheinpaddeln auf der Amper bis zum Indianertag,

Am Ende der Tour erwartet kleine Indianer ein echtes Tipi.

eben auf der Altmühl. In Ilbling werden die Tipis aufgebaut, doch bevor einer der anwesenden Dreikäsehochs mit Indianerkopfschmuck Stockbrot ins Lagerfeuer halten darf, muss er erst einmal ins Kanu steigen. Die Altmühl ist perfekt erschlossen, es gibt in regelmäßigen Abständen Ein- und Ausstiegsstellen und viele Bootsrastplätze. Für kleine Indianer gibt es beispielsweise eine Tour von Kipfenberg bis Kinding.

An der Einstiegsstelle am Ortsanfang von Kipfenberg stauen sich die Kanus, Kajaks und Schlauchboote. Drei Bootsunternehmer gleichzeitig laden ihre schiffbaren Untersätze mitsamt vergnügungssüchtiger Besatzung aus. Nun heißt es Schlange stehen, bis man das Boot in die Altmühl ziehen kann – das ist vielleicht der Fluch eines schönen Tales, das unter anderem wegen seiner Bootstouren so bekannt wurde, und in das an einem schönen Sommertag aus allen Richtungen die Urlauber strömen. Von oberhalb des Flusslaufs, aus Richtung des Naturschutzgebietes Gun-

Seerosen und Schwertlilien umgeben St. Bartholomä am malerischen Bartlmä-See bei Essing.

goldinger Wacholderheide, rauschen weitere Kanus heran. Fast erinnert das Bild an einen Vergnügungspark: an eine Wasserbahn, in der kleine Plastikboote auf Schienen ruckartig im Kreis fahren und gut gelaunte Menschen daraus winken.

Später, als der große Schwung vorbeigepaddelt ist, wird es dann doch noch wildromantisch. Die Altmühl plätschert unter hängenden Weiden entlang schilfbewachsener Ufer, Seerosen zeigen kleine Hindernisse und Sandbänke an, von allen Seiten blüht es bunt.

Wer mag, kann nach der Bootstour den Blick von oben auf die Altmühl genießen.

Das letzte Stück der Route, das über den Main-Donau-Kanal führt, eignet sich nur für erfahrene Bootswanderer.

Und irgendwann merkt man, dass sich eine Kanutour nicht von alleine erledigt. Eltern und Kinder müssen kräftig mitpaddeln und steuern, damit sie nicht kentern oder stranden. So langsam kommt Indianerstimmung auf – auch wenn dieser Abschnitt der Altmühl ziemlich nah unterhalb der A9 am Hang entlang führt. Wenn man das permanente Dröhnen des Verkehrs zur Hauptreisezeit als Trommeln eines verfeindeten Stammes deutet und die ICE-Brücke, die man unterqueren muss, als alten Indianerpfad ausgibt, stimmt dann wieder alles. Gute Laune haben hier an der Altmühl sowieso alle – und wer mag, kann sich ruhigere Abschnitte zur Flusserkundung suchen.

Echte Flussindianer gehen mit der Zeit, und so hat Roman später wertvolle Tipps parat, falls das Kanu mal kentern sollte: Wer, was wohl tatsächlich mitunter passiert, sei-

nen Laptop dabei haben sollte, kann diesen bei 60 Grad die Nacht über im Backofen trocknen. Dann funktioniert er wieder. Indianerin Vivi rät, die Hände mit Spitzwegerichblättern abzureiben, wenn man versehentlich Brennnesseln angefasst haben sollte. Ein wertvoller Tipp an der Altmühl: Denn an den Einstiegsstellen wuchert die Natur – und die Brennnesseln lauern massenhaft.

Später, wenn es dunkel geworden ist, leuchten entlang der Altmühl überall Lagerfeuer. Auf den Bootsrastplätzen gibt es dafür eigens ummauerte Feuerstellen, hie und dort hängen nasse Hosenbeine darüber. Manchmal wird es auf dem langsamsten Fluss Bayerns eben doch turbulent, etwa wenn einen eine kleine Stromschnelle überrascht. Vollmond über nasser Hose und Lagerfeuer – alles ist im Fluss.

Ulrike Heidenreich

Eine Ritterburg wie aus dem Bilderbuch: Burg Prunn bei Riedenburg, wo im 16. Jahrhundert eine Handschrift des Nibelungenliedes gefunden wurde.

Der Mittelpunkt Bayerns

In Kipfenberg, im geografischen Zentrum des Freistaats, wurde der erste Bajuware begraben

Im Altmühltal befindet man sich sozusagen am Nabel Bayerns. Unmittelbar neben der Burg Kipfenberg liegt nämlich der geografische Mittelpunkt des Freistaates. Er wurde Mitte der 1970er Jahre ermittelt, als das Landesvermessungsamt eine Erweiterung des Trigonometrischen Festpunktnetzes durchführte. Mithilfe dieses komplizierten Systems lässt sich ganz einfach die Position eines Punktes bestimmen. Weil durch Flurbereinigung und Straßenbauten einiges durcheinandergeraten war, legten die Landvermesser nach – und siehe da: Der geografische Mittelpunkt, sozusagen der Schwerpunkt der Fläche Bayerns, liegt inmitten des Jurabodens im schönen Altmühltal.

1980 wurde an diesem Punkt ein Findling aufgestellt, mit einem Schild versehen und feierlich eingeweiht. Seitdem ist die Mitte Bayerns ein Besichtigungspunkt für Altmühl-Urlauber. Dass sich Politiker vor schwierigen Wahlkämpfen hier zur inneren Einkehr zurückgezogen hätten, um das Wesen ihres Wahlvolkes ganz in der Mitte zu spüren, ist nicht bekannt. Immerhin aber weiß man, dass der amtierende Ministerpräsident im nahen Schambachtal ein Ferienhäuschen hat und eventuell von dem einen oder anderen Kraftfeld profitieren mag.

Kipfenberg, ein Markt mit knapp 6 000 Einwohnern im Landkreis Eichstätt, wusste

Ein Findling unmittelbar neben der Burg Kipfenberg ist der geographische Mittelpunkt Bayerns.

sich schon früh in den Mittelpunkt zu stellen. Der Limes, der römische Grenzwall, führte vor 2 000 Jahren genau durch den Ortskern. Ein Kriegergrab mit germanischen und römischen Beigaben sorgte bei Archäologen weltweit für Begeisterung, ebenso ein Hockergrab aus der Zeit von 1200 bis 1800 nach Christus. Ziemlich weltläufig hört sich auch jenes Staatengebilde an, dem Kipfenberg von 1803 infolge der Säkularisation für zwei Jahre angehörte: dem Fürstentum Salzburg-Toskana.

Höhepunkt des Römer und Bajuwaren Museums auf der Burg Kipfenberg ist die Rekonstruktion der Grabanlage eines Bajuwarenkriegers.

Über allem thront die Burg Kipfenberg, in der das Römer und Bajuwaren Museum untergebracht ist. Hier können Besucher unter anderem eine nachgebaute römische Wachstube betreten und Römerhelme aufsetzen. Denn als volkskundliches und archäologisches Museum will es in diesen dicken Mauern Geschichte zum Anfassen präsentieren. Im Mittelpunkt steht die Geschichte der frühen Bajuwaren. In Kemathen, einem Ortsteil von Kipfenberg, war 1990 ein reich ausgestattetes germanisches Kriegergrab gefunden worden. Im fünften Jahrhundert, so nimmt man an, wurde hier der „erste Bajuware" bestattet. Der erste Bayer am Mittelpunkt Bayerns – besser geht es nicht.

Ulrike Heidenreich

Burg Kipfenberg befindet sich in Privatbesitz und ist nicht zu besichtigen. In der Vorburg ist das Museum untergebracht.

Wörnitz

Altmühlsee

Gunzenhausen

Großer
Brombachse

Altmühl

Donauwörth

Treuchtlingen

Solnhofen

Mörnsheim

Pappen-
heim

Breitenfurt

Eichstätt

Main-Don au-Kanal

Kinding

Kipfenberg

Beilngries

Ingolstadt

A9

Dietfurt

Donau

Riedenburg

Kelheim

10 km

Altmühl

Anfahrt: Der Naturpark Altmühltal liegt zentral zwischen Nürnberg, München, Augsburg und Regensburg. Die Bahn bietet bei einem Übernachtungsaufenthalt im Altmühltal reduzierte Bahntarife an. Das Informationszentrum Naturpark Altmühltal (Telefon: 08421/98760) ermittelt den RIT-Fahrpreis. Auch der Verkehrsverbund Großraum Nürnberg fährt in den Naturpark. Von Frühjahr bis Herbst kreuzt der Freizeitbus auf vier Linien im Donau- und Altmühltal. Genaue Angaben und Download unter www.naturpark-altmuehltal.de/freizeitbus.

Übernachtung: Ebenfalls auf der Webseite www.naturpark-altmuehltal.de/unterkuenfte finden sich übersichtlich zusammengefasst gut 500 Angebote. Das Zelten an der Altmühl ist nur an ausgewiesenen Bootsrastplätzen erlaubt. Plätze für Einzelreisende, Familien und Gruppen: Gungolding/Kipfenberg, Kinding, Inching/Walting, Ilbling (Telefon: 08421/98760). Plätze mit Sonderregelungen finden sich hier: Hammermühle/Mörnsheim, Hagenacker/Dollnstein (Telefon: 09142/4645), Treuchtlingen (Telefon: 09142/204548), Solnhofen (Telefon: 09145/836818) und Eichstätt (Telefon: 08421/908147). Außerdem gibt es verschiedene Campingplätze. Gruppen ab zehn Personen können nur nach Voranmeldung an der Altmühl übernachten.

Bootsvermietung: Die meisten Verleihstationen übernehmen den An- und Abtransport der Kajaks, Kanadier oder Ruderboote sowie den Rücktransfer der Gäste zum Ausgangspunkt der Tour. Eine Auswahl von 21 Spezialisten unter: www.naturpark-altmuehltal.de/bootsvermietung.

Kirchen, Klöster, Köstlichkeiten

Genießertour mit dem Fahrrad durchs Fränkische Weinland

F ür die Eiligen, die Buntgescheckten mit ihren schnellen Rädern und die Rastlosen, die weit kommen wollen in kurzer Zeit, ist der Weg nicht das Richtige. Nicht, dass es nicht ginge. Der Weg ist hübsch eben, kaum ein Hügelchen gilt es zu bezwingen. Aber es wäre so furchtbar schade drum, wenn man all die Dörfer und Städtchen einfach liegen ließe, vorbeiradelte an den Weinorten, die den Main-Radweg markieren und den Abschnitt zwischen Schweinfurt und Würzburg zum vielleicht schönsten auf der ganzen 600 Kilometer langen Strecke machen.

Gut, auf den ersten Blick erschließt sich das nicht. In Schweinfurt, das mit dem Slogan

Auf dem Main ziehen die Frachter und Kreuzfahrtschiffe dahin. Nebenher lässt es sich gemächlich entlang radeln.

„Industrie und Kultur" für sich wirbt, lädt zwar das bemerkenswerte Museum Georg Schäfer zum Besuch ein. Aber dann geht es in einer eher spröden Umgebung hinaus aus der Stadt, immer auf das Atomkraftwerk Grafenrheinfeld mit seinen dampfenden Kühltürmen zu, durch Maisäcker und Stoppelfelder, wo die Bauern ihre mannshohen Heuballen hingestreut haben. Und wo ist eigentlich der Main?

Es dauert noch eine Weile, bis die Strecke tatsächlich am Fluss entlangführt, aber wenn man ihn dann überquert mit der kleinen Fähre bei Wipfeld, dann bleibt er stets in der Nähe. Nach der Bierstadt Bamberg, wo man auch hätte starten können, oder noch früher, in der Fränkischen Schweiz mit ihren vielen kleinen Landbrauereien, radelt man nun durch das Fränkische Weinland. Da ließe sich jetzt bei einem Schoppen Frankenwein jene Diskussion nachvollziehen, die jüngst Franken so erregt hat, als die neue Tourismuschefin der Fränkischen Schweiz die Gastwirte aufforderte, sich keinesfalls unter Wert zu

Weinberge säumen den Radweg und es wäre zu schade, würde man keine Rast einlegen, um den Frankenwein auch zu probieren.

Die kleine Fähre bei Wipfeld bringt Ausflügler samt Fahrrad in ein paar Minuten über den Fluss.

verkaufen und für das Bier ruhig mehr als 1,80 Euro zu verlangen. Qualität dürfe durchaus etwas kosten, wie in Mainfranken nämlich auch. Dort geben Touristen einer Studie zufolge 40 Euro am Tag aus, während sie in der Fränkischen Schweiz nur 18 Euro lassen. Probieren wir es aus.

Auf nach Volkach, zum selbst ernannten Herzstück des Fränkischen Weinlandes an der Mainschleife. Zuerst hinauf zu Maria im Weingarten, der zwischen Weinstöcken erbauten Wallfahrtskirche mit der Riemenschneider-Madonna. Unten im Tal sind sie schon, die Touristen und Main-Radfahrer, denn ein Geheimtipp ist Volkach längst nicht mehr. Entsprechend scheint die Rechnung besagter Tourismuschefin zu stimmen. Ein Blick auf die Speisekarte, das ofenfrische Schäufele zu 14,90 Euro. In der Fränkischen Schweiz kann man die Schweineschulter beinahe für die Hälfte kriegen. Also, weg vom

Die Wirtshäuser im Fränkischen sind oft noch mit prächtigen Auslegern verziert. Die fränkische Küche ist deftig, aber nach einer langen Tour auf dem Mainradweg lässt sich auch ein Schäufele, eine gebratene Schweineschulter, rechtfertigen.

Marktplatz, in ein Weingut. Hier ein Schoppen Silvaner zur Brotzeit zu verträglichen Preisen.

Von jetzt an geht es langsam voran. Gleich hinter Volkach liegt schon Sommerach, wo sich ein Winzerhof an den anderen klammert. Und im September, wenn die Heckenwirtschaften aufmachen, wird es noch schwerer fallen, einfach weiterzuradeln. Gerade ha-

Die Fachwerkfassaden in Ochsenfurt. Viele Orte auf der Tour sind zu sehenswert, als dass man einfach daran vorbeiradeln sollte.

ben sie in Sommerach eine Goldmedaille ge-
wonnen beim Wettbewerb „Unser Dorf soll
schöner werden", das wird stolz erzählt. Jetzt
wäre ein Kofferraum recht, oder wenigstens
bräuchte man Satteltaschen, um ein paar
Fläschchen Wein mit heimzunehmen. Ein
Tipp vom Winzer: Sulzfeld soll schön sein.

Zwischen Weinbergen und Main geht es am
Fluss entlang, die Brennnesseln riechen nach

Sommer, die Grillen musizieren dazu. Die Muschelkalkhäuser der Winzerdörfer sind weinberankt, das Ufer von indischem Springkraut und japanischem Knöterich gesäumt, jenen Pflanzen, die schön anzuschauen, aber gar nicht gern gesehen sind. Irgendwann tauchen in der Ferne die gewaltigen Türme der Benediktinerabtei Münsterschwarzach auf. Anselm Grün ist hier daheim, der berühmte

Die modernen Flusspferde stehen in Marktbreit am Main, wo es sich hübsch flanieren lässt. Direkt daneben zeugt der alte Mainkran von den ehemals reichen Handelsverbindungen.

Brotzeit auf Fränkisch: Gerupfter, Kochkäse, Wurst und Schinken. Und dazu – natürlich – ein Glas Frankenwein.

Mönch, der die vielen Bücher schreibt. Schon 780 wurde das Kloster gegründet, vieles hat es erlebt. Die Abteikirche wurde 1938 fertiggestellt, ein mächtiger Bau mit sehenswerten Skulpturen aus dem 20. Jahrhundert.

45 Kilometer sind es inzwischen seit Schweinfurt, 20 sollen es noch werden bis Sulzfeld. An blühenden Bauerngärten geht der Weg vorbei, nach Kitzingen, wieder eine Weinstadt, wieder Kirchen.

Dann Sulzfeld. Der Sommeracher Winzer hatte recht, das Dorf zählt sicherlich zu den schönsten an der Strecke. Umfasst von einer Mauer mit krummen Türmchen, ziehen sich die Gassen schief den Hang hinauf. Manche Dächer sehen aus, als ob sie sich voreinander verbeugen möchten. Aber wo sind denn alle? Die Touristen, die Idyllverliebten? Nun, Sulzfeld müssen sie übersehen haben. Und die Sulzfelder tun ihres dazu. Das einzige Café hat Sommerpause, einen Dorfladen oder gar ein Souvenirgeschäft gibt es nicht. Dafür in den drei Gasthöfen überall die gleiche Spezialität: die Meterbratwurst. Lorenz Stark, Metzger und Wirt im Goldenen Löwen, soll sie am Vorabend des ersten Advent 1953 erfunden haben. Nachdem ein Gast das lobende Wort ausgesprochen hatte: „Die Wurscht könnt ich meterweis ess." Abends dann wird es noch leiser in Sulzfeld, man mag von Idylle sprechen oder auch von der totalen Verschlafenheit. Draußen, vor dem Stadttor am Main, da tut sich aber doch noch was. Da steht ein Bauwagen, ein paar Holzbänke sind davor aufgereiht, und da in „Klein Rimini" spielt sich das Sulzfelder Nachtleben ab. Die Wirtin kann man sogar anrufen, wenn sie mal nicht da ist, die Handynummer steht im Fenster. Radlfahrer sitzen neben Einheimischen, die Dorfjugend hockt neben Wohnmobil-Bewohnern. Schön.

Am nächsten Tag weiter nach Würzburg. Marktbreit liegt am Weg, schon wieder einen Stopp wert, dann Ochsenfurt mit seinen Fachwerkhäusern, Sommerhausen, der Künstlerort, dem die Touristenschar schon etwas den Charme genommen hat. Auf Würzburg zu wird es lauter, die Straße läuft neben dem Radweg. Wer sich genug Zeit gelassen hat in den Weinbergen und den Winzerdörfern, der verträgt auch wieder die Stadt. Oder er radelt schnell durch, wieder in die Natur.

Katja Auer

In Sommerhausen sind die historischen Hochwasserstände in den Torbogen gemeißelt. Wenn das Wasser weg ist, strömen die Touristen durch das Künstlerstädtchen.

Lyrik auf Fränkisch: Dem Genuss hat in diesem Landstrich selten jemand abgeschworen.

Die Entführung der Mutter Gottes

Die Kirche Maria im Weingarten wurde vor 50 Jahren durch einen Kunstraub bundesweit bekannt

Wer weiß, wie es damals ausgegangen wäre, wenn Henri Nannen nicht gewesen wäre. Der Stern-Herausgeber setzte 1962 ein Lösegeld aus, 100 000 Mark, wenn die dreisten Diebe die Rosenkranz-Madonna von Tilmann Riemenschneider zurückgeben sollten. Das geschnitzte Bildnis der Heiligen Jungfrau war aus der Wallfahrtskirche Maria im Weingarten geraubt worden. Der spektakuläre Kunstraub machte die Kirche, die so idyllisch im Weinberg über Volkach an der Mainschleife liegt, im ganzen Land bekannt. Aber nicht nur deswegen lohnt es sich, vom Fahrrad abzusteigen und die steilen Stufen hinaufzuklettern. Ein wunderbarer Ort ist das, mit einem weiten Blick über das Tal. Und die Madonna ist längst wieder da. Nannens Befreiungsversuch war erfolgreich, die Einbrecher gaben das Bildnis zurück. Es musste allerdings aufwendig restauriert werden, bei dem Diebstahl war die wertvolle Schnitzerei arg beschädigt worden. Am 6. August 1963, genau ein Jahr nach dem Diebstahl, wurde sie wieder in die Kirche gehängt – nun aber mit einer Alarmanlage gesichert. Und die Volkacher ernannten Henri Nannen aus Dankbarkeit zum Ehrenbürger.

Die Riemenschneider-Madonna von 1524, die inmitten von einem Kranz aus 50 Rosen von sechs Engeln umschwebt wird, ist das kostbarste Stück in der Kirche. Die eigent-

Eine Kostbarkeit im Weinberg an der Mainschleife: Die Madonna im Rosenkranz von Tilman Riemenschneider (um 1460 - 1531).

liche Wallfahrt aber entstand wohl Mitte des 14. Jahrhunderts zum Bild der schmerzhaften Gottesmutter. Die gotische Pieta steht auf der linken Seite vor dem Altarraum, gegenüber ein weiteres wertvolles Kunstwerk: Eine hölzerne Anna Selbdritt aus der Riemenschneider-Schule aus der Zeit nach 1500.

Schon im 10. Jahrhundert soll auf dem Berg eine Kirche gestanden haben, die dem Apostel St. Bartholomäus geweiht war und die erste Pfarrkirche der Gegend war. Erst im 13. Jahrhundert, als sich im Tal Volkach zur Stadt entwickelte, wurde die Pfarrkirche ebenfalls in den Ort verlegt. Die Wallfahrt ging trotzdem weiter. Auf dem Kirchberg siedelten sich 1332 Beginen an, eine Frauengemeinschaft, die klösterlich zusammenlebte und sich religiösen und karitativen Aufgaben widmete. Als der Beginenhof 1422 aufgegeben wurde, übernahm eine Marienbruderschaft die Pflege der Wallfahrt. 1451 wurde der Chor geweiht, 1457 das Langhaus.

Gerade erst ist Maria im Weingarten wieder besonders schön anzuschauen. Nach zwei Jahren wurde nun die Sanierung der Fassade und des Daches abgeschlossen, die Schutzplanen verdecken nicht länger den Blick auf die Kirche.

Katja Auer

Idyllisch liegt das Kirchlein Maria im Weingarten in einem Weinberg oberhalb von Volkach. Der Aufstieg lohnt sich, der Ausblick und das Kirchlein selbst sind jede Stufe wert.

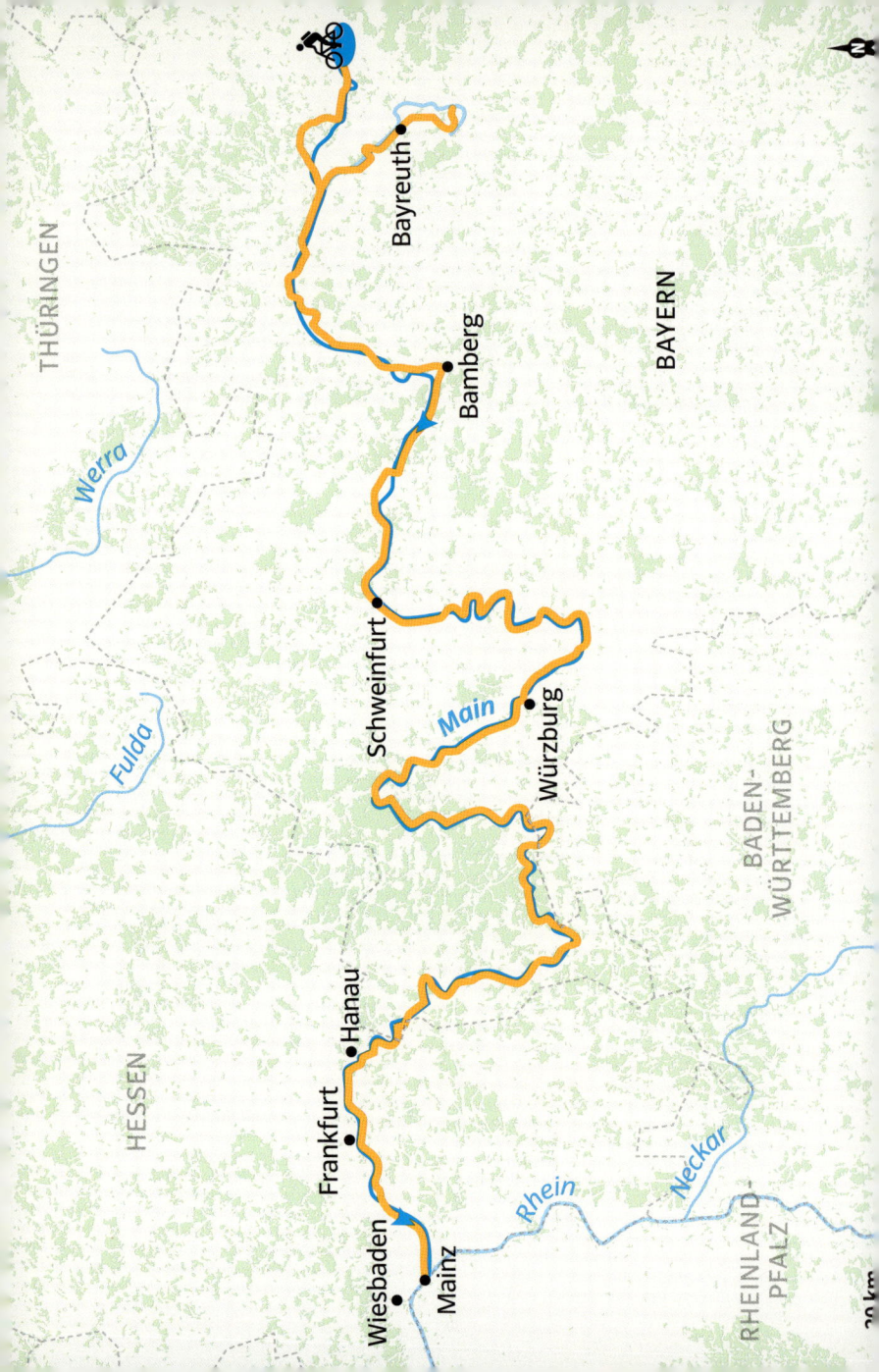

Main

Anfahrt: Da am Radweg viele Orte, darunter auch größere Städte, liegen, bietet sich die Anreise mit dem Zug an. Eine Fahrrad-Tageskarte für ganz Bayern kostet fünf Euro. Mit dem Bayern-Ticket gibt es außerdem ermäßigte Eintrittspreise bei verschiedenen Sehenswürdigkeiten an der Strecke. Es gibt auch verschiedene Anbieter: Die planen die Etappen, buchen die Übernachtungen und transportieren sogar das Gepäck. Informationen beispielsweise beim Tourismusverband Steigerwald (Telefon: 09162/12424), maintour.de (Telefon: 09521/9529696) oder bei Rad-Touren-Teufel (Telefon: 09333/9045970).

Tour: Der Main-Radweg, 598 Kilometer lang, windet sich der Radweg am Main entlang beinahe quer durch Deutschland. Wer dem Fluss komplett folgen will, startet an einem der beiden Quellflüsse: an der Quelle des Weißen Mains im Fichtelgebirge in der Nähe von Bischofsgrün oder bei Creußen in der Fränkischen Schweiz, wo der Rote Main entspringt. In Kulmbach fließen beide zusammen, von da an geht es bis nach Mainz, wo der Main in den Rhein mündet. Tagestouren sind genauso möglich wie das Abfahren der gesamten Strecke in mehreren Etappen, wofür man – je nach Form – etwa eine Woche einplanen sollte. Weitere Informationen gibt es im Internet unter www.mainradweg.com. Der Main-Radweg ist gut ausgeschildert mit blau-grünem Symbol. Unterwegs gibt es zahlreiche Servicestationen für Radler. Auch für Elektro-Fahrräder gibt es Lade- und Servicestationen.

Übernachtung: Besonders fahrradfreundliche Gastgeber haben der Bayerische Hotel- und Gaststättenverband und der Allgemeine Deutsche Fahrradclub mit den Gütesiegeln „Fahrradfreundlicher Hotel- und Gaststättenbetrieb" und „Bett+Bike-Betrieb" ausgezeichnet. Wo diese sind, steht im gedruckten Führer und auf der Internetseite des Main-Radwegs.

Spektakel aus Tropfen, tief in der Schlucht

Die Schleierfälle – feinsinniges Schauspiel im bayerischen Urwald

Mit manchen Touren ist es so, dass sie durchaus in Zeitstress ausarten können. Vor allem dann, wenn ein ehrgeiziges, sportliches Programm mit dem Bedürfnis kleinerer Kinder nach Langsamkeit und Stehenbleiben am Wegesrand kollidiert. Versprochen: Auf dieser Familien-Entdeckungsstrecke entlang der oberen Ammer wird es viel Entspannung und trotzdem aufregende Erlebnisse geben, keine Hektik und

Wasser von oben und von unten: Im mal lieblichen, mal spektakulären Ammertal liegen die nur zu Fuß erreichbaren Schleierfälle.

Wer sie sieht, versteht sofort, warum sie Schleierfälle heißen: Das Ziel der Tour führt zu diesem „lebenden Wasserfall" aus Moos, Kalk und Millionen von Tropfen.

genügend Varianten, um die Wege je nach Kraft und Ausdauer spontan anzupassen.

Das passt zur Ammer, die nämlich eigentlich ein stiller, sanfter Bach ist, der schnell zum wilden und heftigen Gebirgsfluss werden kann. Wer mag, der kann den ganzen Verlauf von Ammer und Amper samt Ammersee auf 200 Kilometern Länge abradeln, von den Quellen bei Oberammergau bis zur Mündung in die Isar bei Moosburg. Man kann aber auch einen Tag an einem winzigen Abschnitt dieses Wasserlaufs verbringen. Der Start ist in Saulgrub, an der Nahtstelle zwischen den Ammergauer Alpen und den vorgelagerten Hochmoorgebieten. Schon in den Ortsnamen, etwa dem des benachbarten Bad Kohlgrub, wird klar, welche Bedeutung hier die feuchte Erde hat. Der alte Köhlerort entwickelte sich zum Moor-Heilbad. „Moor und mehr", lautet ein Slogan hier, in Wahrheit hat das Kurörtchen schon mondänere Tage gesehen.

So wie es überhaupt auf der ganzen Strecke auch in der äußersten Hochsaison nie überlaufen wirkt. Vom Bahnhof Saulgrub aus folgt man zunächst mit dem Rad den sanften Nebenstraßen Richtung Westen über Altenau bis zum Forsthaus Unternogg. Dass der Abschnitt Königsstraße heißt, ist keine Übertreibung. Die Wirte im Forsthaus sind stolz darauf, dass Ludwig II. hier häufig durchgekommen sein soll auf dem Weg von Linderhof nach Neuschwanstein. Unternogg lockt zwar mit einem schönen Biergarten samt großzügigem Kinderspielplatz, doch noch besser hebt man sich all das für den Rückweg auf. Gelegenheit zur Pause bietet sich ein paar Meter weiter bei der Brücke über die Halbammer. Der Ammer-Zulauf ist flach, voller Felsen und kleiner Steininseln und somit bestens geeignet für eine Brotzeit am Wasser. Hier gibt es auch einen Wanderparkplatz, einige weitere folgen. Wer mit dem Auto unterwegs ist, kann problemlos weiterfahren und sich nach Lust und Laune Zwischenetappen zusammenstellen.

Wer die sanft hinabgleitende kleine Nebenstraße parallel zur Ammer entlangradelt, dem bietet sich ein Blick aufs gelobte Bayernland, wie er kaum noch steigerungsfähig sein dürfte. Sanfte Hügel, dahinter die aufstrebende Bergkulisse mit dem Hörnle als erstem Fixpunkt. Es geht an Höfen und kleineren Siedlungen vorbei durchs bäuerliche Land. Wälder, Wiesen, Wege, die liebliche Idylle scheint grenzenlos zu sein.

Doch gleich verändert sich der Anblick dramatisch. Es lohnt sich, die Asphaltstraße vor Peustelsau Richtung Osten zu verlassen, um sich etwa eineinhalb Kilometer zu Fuß zur Ammerbrücke aufzumachen. Dort erwartet einen ein kleines Industriedenkmal, das Wasserkraftwerk Kammerl. Wer die Ammer hier

Es gibt viele Möglichkeiten, um einige Tage an der Ammer zu verbringen, zum Beispiel auch mit einem Urlaub auf dem Bauernhof.

Abenteuerlustige werden von zahlreichen Schildern gewarnt und sollten sie befolgen – um sich selbst und die Natur zu schützen.

überquert und entlang dem Ostufer ein paar hundert Meter flussabwärts wandert, der ist schon mitten in der spektakulären Ammerschlucht. Tief hinein hat sie sich hier über die Jahrtausende in den Fels gegraben. Scheibum heißt dieser 600 Meter lange Felsdurchbruch in bis zu 80 Metern Tiefe. Es gibt einen kleinen Waldweg mit Aussichtspunkten, der zu einem Kiesstrand führt. An ihnen kommt man direkt zum Wasser und zu den Felsen. Die Ammergauer Tourismusprofis haben hieraus eine Station des „Meditationswegs Ammergauer Alpen" gemacht und warten mit philosophischen Weisheiten über das weiche und doch so kraftvolle Wasser auf. Es ist aber auch erlaubt, die Wasser-Fels-Landschaft einfach nur so phantastisch zu finden.

Wer sich auf dieses Erlebnis beschränken will, der kann die Ammerbrücke übrigens auch direkt von Saulgrub aus anfahren. Für die anderen geht es zurück zum Fahrrad auf der anderen Ammerseite und den kurzen Weg auf der Asphaltstraße weiter Richtung Norden bis zum nächsten Höhepunkt. Oder besser Tiefpunkt. Denn wieder geht es hinab,

Wie eine tropische Dusche: Das Wasser rinnt an den Schleierfällen über mehrere Kaskaden nach unten.

zu Fuß in die Schlucht zum Ziel der Tour: den Schleierfällen. Der Weg führt über Almwiesen und dann etwas steiler, über Abstiege wiederum hinunter zur Ammer, was aber auch Fünfjährige schon gut bewältigen können. Eine Dreiviertelstunde einfach muss man mit Kindern einkalkulieren, festeres Schuhwerk ist Pflicht. Andererseits muss man die gleich mehrmals vorhandenen Schilder, die vor „Lebensgefahr" warnen, nicht auf sich als normalen Wanderer beziehen. Sie verbieten nur das Besteigen der Fälle an sich. Warum, das wird jedem sofort klar, wenn er nach den letzten Biegungen des Wegs an den Schleierfällen ankommt.

Auf einmal steht man am Rande eines Schleiers aus Wasser, wie eine Gardine aus Tropfen fällt von oben ein kleiner Quellbach über den Fels in die Ammer. Es ist ein leben-

Mit dem Radl kommt man nicht direkt zu den Fällen, wohl aber an viele Gewässer der Region, etwa an den Rantscher Weiher bei Bad Kohlgrub.

Die Schleierfälle sind ein lebender Wasser-fall. Besteigen ist des-halb streng verboten.

des Naturdenkmal: Der Kalk aus dem Bach setzt sich am Moos und anderen Pflanzen ab, die ihrerseits weiterwachsen und so einen lebenden Stein bilden. Es gibt wunderbare Lichteffekte hier und frische, feuchte Luft. Mancher fühlt sich an einen kleinen Urwald erinnert. In Landschaftskalendern tauchen die Schleierfälle gelegentlich großforma-tig fotografiert neben anderen Wundern der Erde auf, als ob sie sich mit den Viktoria- oder Niagarafällen messen wollten. Das tun sie natürlich nicht. Es ist ein eher feinsinniges,

leichtes Schauspiel, das die Schleierfälle auf-
führen.

Wer aus der Schlucht wieder heraufge-
klettert ist, hat viele Möglichkeiten. Er kann
der Ammer folgen, sich Richtung Schwaigsee
oder Soier See zum Baden aufmachen oder
einfach durchs Moor radeln, etwa zum (allerdings nicht zum Baden geeigneten) Rantscher
Weiher. Oder zurück ins Forsthaus Unternogg
radeln. Dort wartet auf ihn die zuvor ausge-
schlagene Radler-Maß.

Frank Müller

Der in Jahrtausenden
entstandene Fels-
durchbruch der Ammer
bei der Scheibum.

Strom aus dem Fluss

Das Kraftwerk Kammerl versorgt schon seit dem Jahr 1905 die Ammergau-Bahn mit Elektrizität

Häufig unzugänglich, aber schön: das Jugendstil-Wasserkraftwerk Kammerl.

A m Wasser ist es schön, das Wasser aber hat auch Kraft – aus dieser Dialektik speist sich mancher Konflikt an Bayerns Gewässern. Und je mehr die Energiewende vorankommt, desto häufiger geraten Naturschützer und Atomaussteiger aneinander. Vermutlich wäre es ganz und gar unmöglich, heutzutage ein Projekt wie das Bahnstrom-Kraftwerk Kammerl mitten in die großartige Ammerlandschaft zu pflanzen – auch wenn es an der Ammer immer wieder Diskussionen über neue Kraftwerke gibt. Das Werk Kammerl jedenfalls steht dort nun schon seit dem Jahr 1899, es kann mit Fug und Recht darauf verweisen, dass es älter ist als jede Atomausstiegsdebatte.

Und außerdem macht sich das kleine Industriedenkmal auf der Westseite der Ammerbrücke ausgesprochen hübsch. Mit seinen weißen Jugendstil-Fronten, durch deren schöne alte Fenster man aus etwas Distanz die Turbinen erblicken kann, wirkt es wie eine Miniaturausgabe des berühmten Walchenseekraftwerks: ein kleines Monument aus der industriellen Gründerzeit, als sich schon einmal die Aufgabe stellte, natürliche Ressourcen zur Stromgewinnung zu nutzen.

Bemerkenswerterweise ist das Kraftwerk Kammerl über die Jahre immer auf der Höhe der Zeit geblieben. Beispielsweise hat die Bahn 2012 neue Turbinen eingebaut. Ursprünglich wurde es errichtet, um die damals neue 24 Kilometer lange Ammergau-Bahn zwischen Murnau und Oberammergau mit Strom zu versorgen – ein Energie-Pionierprojekt der „Actiengesellschaft Elektricitätswerke, vormals O.L. Kummer & Co, Dresden, Sitz München". Zwar sorgten finanzielle Turbulenzen dafür, dass zunächst doch Dampfloks fuhren. 1905 aber ging es endgültig los mit der Stromversorgung für die Züge. Als erste Strecke der Welt sei damals die Ammergau-Bahn regulär mit Einphasenwechselstrom in Niedrigfrequenz unterwegs gewesen, erzählt man sich in Saulgrub noch heute voller Respekt. Es ist also das älteste Werk dieser Art überhaupt. Noch bis in die 1950er Jahre hinein blieb es bei dieser Form der autarken Versorgung der Bahn durch ihr eigenes Kraftwerk.

Die Schönheit des Wassers hat ihre eigene Kraft – auch das beweist die Ammer.

Seitdem gab es viele Umstellungen in Betrieb und Stromstärke, inzwischen gehört das Werk zur DB Energie – und liefert noch immer Bahnstrom. Geblieben ist die interessante Wasserarchitektur mit Schleusen, einem Aquädukt und einem eineinhalb Kilometer langen Zulaufkanal von der Ammer. Bislang war das Werk, außer zu vereinbarten Terminen, auch regelmäßig beim Tag des Offenen Denkmals im September zu besichtigen.

Frank Müller

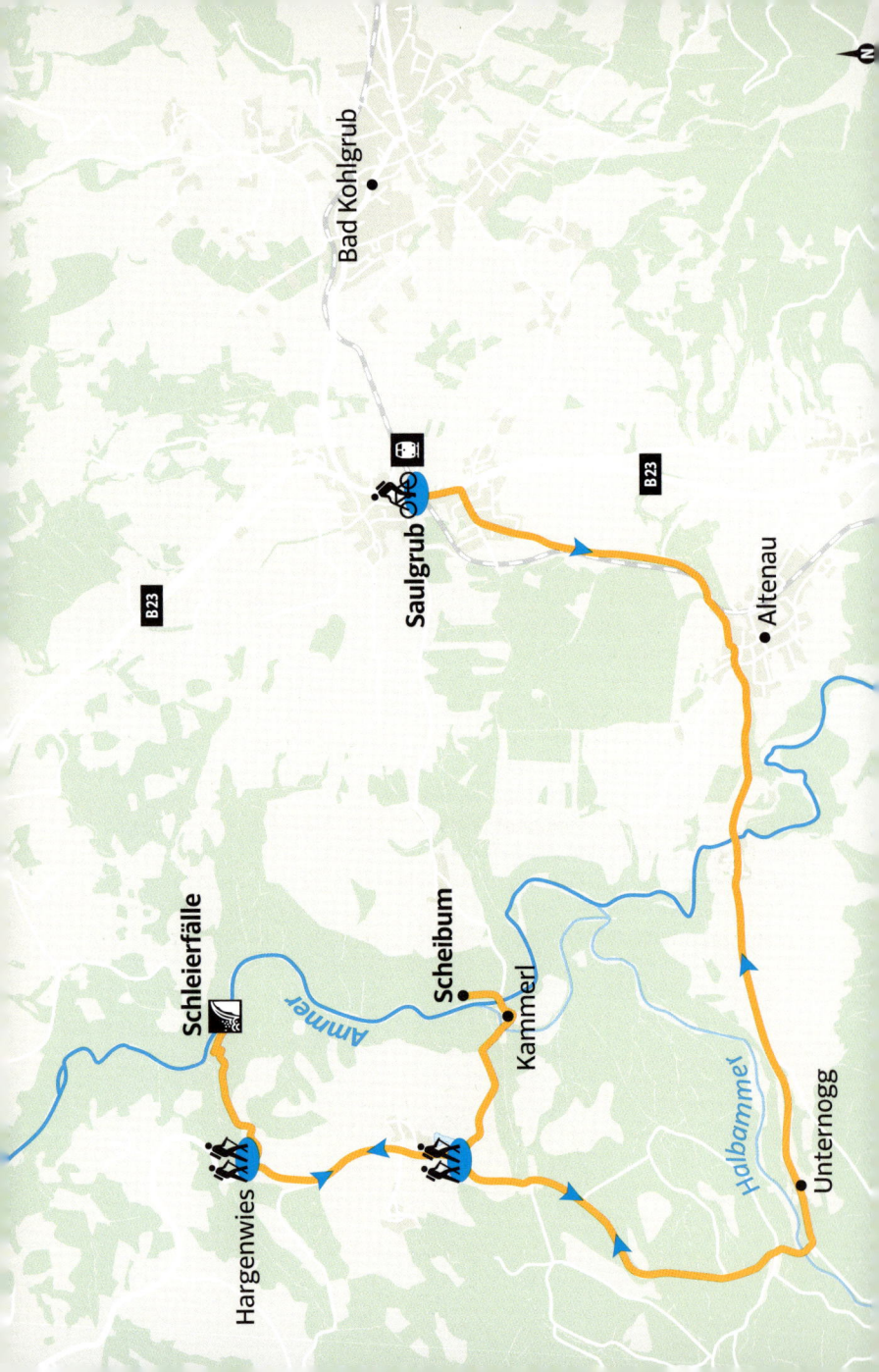

Bad Kohlgrub

B23

Saulgrub

B23

Altenau

Schleierfälle

Ammer

Scheibum

Kammerl

Hargenwies

Halbammer

Unternogg

Ammer

Anfahrt: Saulgrub bietet sich als Startpunkt für die Erkundung des Ammer-Oberlaufs geradezu an, man kann aber auch in Bad Bayersoien beginnen oder sich über Ober- oder aber über Unterammergau der Ammer annähern. Von München aus fährt man normalerweise mit dem Zug bis Murnau und von dort mit der Lokalbahn weiter Richtung Oberammergau bis Saulgrub. Wer mit dem Auto kommt, nimmt die Autobahn A95 Richtung Garmisch und fährt dann über Murnau und Bad Kohlgrub bis Saulgrub.

Tour: Wer lieber im größeren Stil wandert als zu radeln, der kommt an vielen beschriebenen Stellen auch näher an die Ammer heran. Allerdings: Die tiefe Schlucht ist oft unzugänglich, und auf den bestehenden Wegen kann es mitunter steil und auch rutschig und feucht werden. Auf ammergauer-alpen.de gibt es auch Informationen über Touren sowie Zugang zu einer Broschüre über den kompletten „Meditationsweg Ammergauer Alpen" mit 15 Stationen zwischen Schloss Linderhof und der Wieskirche. Von Kammerl an kann man die Ammer auch mit dem Kajak befahren. Details zu den erlaubten Zeiten und Mindestpegelständen gibt es unter anderem beim Bayerischen Kanu-Verband: www.kanu-bayern.de/freizeitsport/gewaesserinfo/bfr.

Übernachtung: Der beschriebene Ausflug lässt sich gut an einem Tag machen. Es spricht aber nichts dagegen, die Ammer-Tour auf mehrere Tage auszudehnen. Alle Orte der Umgebung sind auf Tourismus eingestellt, es gibt genügend Hotels, Ferienwohnungen oder auch Urlaub auf dem Bauernhof. Einen Überblick gibt es auf der Seite www.ammergauer-alpen.de.

Böser Geist und Zahmer Kaiser

Drei-Tages-Tour am Inn entlang von Kufstein bis Mühldorf

Der Verfall eines einst Mächtigen, schier Unbezwingbaren, zu einem Gebrochenen, der wirkt erst mal nicht anziehend. Vor etwa 130 Jahren bezeichnete der Kulturhistoriker Ludwig Steub den Inn noch als „bösen Geist der Landschaft". Gar zu zerstörerisch konnten gerade zur Schneeschmelze seine Fluten sein. In einem Gewaltakt zwang der Mensch ihn in ein betoniertes Bett mit Staustufen und Kraftwerken. Umweltschützer nennen den Fluss in einer Mischung aus Verzweiflung und Resignation „einen gebändigten Abwasserkanal". Hat der

Gut ausgebaut und deshalb auch mit Kindern gut zu bewältigen: der Inn-Radweg.

Inn mit seiner Macht auch seinen Reiz verloren? Eine Spurensuche mit dem Rad.

Los geht es in Kufstein, der im berühmten Jodlerlied besungenen „Perle Tirols". Bunte Stadthäuser am Inn und darüber die über Jahrhunderte strategisch so wichtige Burg, wegen der sich Bayern und Tiroler immer wieder die Köpfe einschlugen. Heute bietet die Burg zumindest einmal im Jahr ein ungewöhnliches Spektakel: Die Kufsteiner feiern Silvester samt Party und Feuerwerk schon am 30. Dezember, ja sie fühlen sich gar als Trendsetter einer Vor-Silvester-Bewegung.

Bei einer Pause zu den Füßen der Kufsteiner Festung lässt es sich gut verschnaufen.

Malerisch am Inn entlang führt der Radweg hindurch zwischen Bayern und Tirol.

Auf der Westseite des Inns formiert sich der Konvoi aus vier Rädern und zwei Anhängern. Das Überholen eines dahinzuckelnden und kreischenden Güterzugs dient der kindlichen Motivation, das Fahrerlebnis muss da zurücktreten. Der Kontrast von Postkarten-Panorama mit markanten Bergen wie dem Zahmen Kaiser und dem Rauschen der Züge und vor allem der Autos prägt das Tal während der ersten Kilometer. Beim Übersetzen mit der kleinen Holzfähre in Kiefersfelden wird bewusst, was für ein mächtiger Strom der Inn trotz allem ist, oft wälzt er sich auf einer Breite von mehr als 100 Metern dahin. Eine kurze Rast am Fluss, ein alter Mann kommt vorbei, mustert die fünf Köpfe der Familie und ruft: „Du bist ein Reicher!" Die Menschen am Inn

sind freundlich – das erleben wir auf der gesamten Tour bis Mühldorf immer wieder.

Wie durch ein Ausfalltor passiert man den
Heuberg und den Wächter gegenüber, das Tal
weitet sich Richtung Rosenheim zusehends,
im alten Schifferort Neubeuern, der mit seinem Schloss auf dem Hügel sehenswert ist,

*Auf dem Aussichtssteg,
der anlässlich der
Landesgartenschau
2010 in Rosenheim
gebaut wurde, kann
man wunderbar den
Zustrom der Mangfall
in den Inn beobachten.*

Der historische Stadt-
platz von Mühldorf
lädt den Ausflügler
mit seinem nordita-
lienischen Charme
zum Verweilen ein.

wandelt sich der Inn vom Gebirgsfluss zu einem Strom im hügeligen Alpenvorland. Direkt am Radweg bietet ein Badesee, wie so oft an der Strecke, Erfrischung für Geist und Körper, generationenübergreifend. Die perfekte Ergänzung zum stark praktizierten Eiswaffeldoping.

Die Autobahn und die Berge zurücklassend, prägt nun Auwald die Landschaft zwischen Radweg und Fluss. Zwei Angler sitzen am lehmigen Ufer, Springkraut duftet, bis Rosenheim rollen die Räder wie von alleine. Direkt am Inn begrüßt die Reisenden das Gelände der Landesgartenschau aus dem Jahr 2010. Weite Grünflächen, Kunstwerke wie eine Installation aus Straßenlaternen und raffinierte Kinderspielgeräte zeugen noch davon, und natürlich der Aussichtssteg über dem Fluss, von dem aus sich beobachten lässt, wie das dunkle Wasser der Mangfall sich in den grünen Fluten des Inns verliert. Wer städtisches Flair sucht, sollte hier übernachten, sich abends in der Altstadt treiben lassen.

Gleich hinter Rosenheim beginnt eine der schönsten Flussstrecken der Tour, der Inn hat viel Platz in seinem künstlichen Bett und lässt erahnen, wie weitverzweigt die Flusslandschaft vor der Regulierung war. Lange verschlungene Altwasser, Schilf, ein Schwan zieht seine Kreise. Das weithin sichtbare Kloster Rott eröffnet dann den Abschnitt, auf dem die Hochkultur der Abteien den Inn prägt. Für die Lage auf einer Anhöhe büßen die Radler bei der Anfahrt, werden jedoch durch den reichen Schmuck der Rokoko-Kirche schnell versöhnt. Christlich-soziale Pilger besuchen noch eine eher schmucklose Gruft am Rande des Friedhofs. Hier liegt der eher dem Barocken zugetane frühere Ministerpräsident Franz Josef Strauß begraben. Sein Hei-

matort ist noch heute so herausgeputzt, als ob
Strauß auch von oben so manche Fördermilli-
on lockermachen könnte.

Auf der Westseite des Inns bleibend geht
es auf dem Damm, der in weiten Teilen der
Reise als gut ausgebauter Radweg dient, bis
zur Mündung der Attel. Kurz darauf, in einem
Weiler mit dem sinnigen Namen Elend, müssen Radfahrer zum ersten Mal die steile Bö-
schung hinauf, der Inn lässt sie nun nicht
mehr ständig an seine Seite. Spargeldünne
Kinderwadl kapitulieren, auch die Erwachse-
nen schieben. Oben steht das frühere Bene-
diktiner-Kloster Attel, in dem schon seit 1873
durch eine Stiftung Menschen mit Behinde-
rung betreut werden. Nächstes berühmtes
Kloster ist Gars. Dort droht die Decke der Kirche herabzustürzen, viel ist von der Pracht bei
all den Gerüsten nicht zu sehen. Für die Kinder ist das ein Grund zur Freude, denn der Or-
ganist räumt für sie nach der Sonntagsmesse

*Ob Café oder Eisdiele
– auf dem 500 Meter
langen Marktplatz
findet jeder Radler ein
angenehmes Plätz-
chen, um sich von den
Strapazen der Tour zu
erholen.*

Das Kloster Au, eingebettet in eine Innschleife, heute ein beliebter Ausflugsort, wurde bereits 1122 als Augustiner Chorherrenstift gegründet.

seinen Platz an der kleinen Ersatz-Orgel. Es reicht zwar nicht gleich zu einer perfekten Bedienung wie einst bei Mozart im nahen Wasserburg. Doch „Alle meine Entlein" dürften die Altarheiligen auch noch nicht so oft gehört haben. Kunstsinnigere mögen sich mit einem Ausflug ins nahe Kloster Au trösten, hier lernte Papst Benedikt XVI. bei Schwester Berchmana Harmonium. Auch das urige Bräustüberl soll er übrigens kennen.

In Jettenbach hat der Mensch den Inn in Kanal und Fluss geteilt, es geht durch eine stark bäuerlich geprägte Gegend auf Mühldorf zu. Auf weiten Feldern wiegen sich die Maispflanzen im leichten Wind und bilden eine Allee für Radfahrer. Große, gut erhaltene Bauernhöfe mit blühenden Balkonblumen säumen den Weg, der in einer Eisdiele auf dem pittoresken Stadtplatz in Mühldorf endet. Man könnte auch weiterradeln zum Wallfahrtsort Altötting, nach Simbach, wo der

Das Stadtwappen von Mühldorf ziert ein rotes Mühlrad mit acht Schaufeln.

Flussgott Inn, auf einem großen Huchen sitzend, den Nachbarn aus Braunau den Hintern entgegenstreckt, oder gar bis Passau, wo der Fluss in die Donau mündet. Der Inn hätte es verdient.

Heiner Effern

Stadtansicht von Mühldorf am Inn von 1664. Ein Kupferstich von Matthäus Merian aus seiner „Topographia Bavariae".

Die Umschmeichelte

In Wasserburg, um die der Inn in einer Schleife fließt, fühlte sich schon Mozart wohl

Der Inn ernährte, versorgte und bedrohte an seinem langen Lauf viele ansehnliche Städte, so mancher brachte er durch seine Bedeutung als Handelsweg sogar großen Wohlstand. Doch keine umschmeichelt der Fluss so wie Wasserburg. In einer Schleife windet er sich wie ein grünes Band rund um die Altstadt, die damit den Charakter einer Halbinsel gewinnt. Schon Wolfgang Amadeus Mozart übernachtete hier gerne auf seinen Reisen. „Zu Wasserburg beym Stern ist man unvergleichlich bedient. Ich sitze da wie ein Prinz", schrieb er im Jahr 1777.

Den Stern als Gasthaus gibt es nicht mehr, doch die Altstadt ist mit ihren schönen Bürgerhäusern weitgehend intakt. An warmen Tagen sitzt man in den Straßencafés und fühlt sich auch nicht schlechter als Mozart, der übrigens in der Stadtpfarrkirche St. Jakobus als Siebenjähriger erstmals Orgel gespielt haben soll, die Pedale auf Anhieb bedienend wie ein erfahrener Musiker.

Das prägende Stadtbild verdankt Wasserburg seiner Lage am Inn. „Die Stadt war so etwas wie der Handels- und Kriegshafen Münchens", sagt Heimatpfleger Ferdinand Steffan. Für repräsentative Bauten und kulturelle Betätigung war über Jahrhunderte genügend Geld und Macht da. Noch heute ist Wasserburg mit dem engagierten Theater Belaqua, der Galerie im Ganserhaus oder auch dem Skulpturenweg am Innufer ein kulturelles Zentrum der Region.

Direkt am Inn und mit malerischem Ausblick: Wer möchte hier nicht wohnen?

Am Stadtausgang gleich nach der letzten Skulptur führte früher der Treidelweg entlang, auf dem bis zu 40 Lasttiere einen Schiffsverband flussaufwärts zogen. Heute steht dort eine neue Kapelle mit einer alten Aufschrift: „Nahui, in Gott's Nam!" Die Innschiffer grüßten einander so in alten Tagen beim Ablegen. Nach wenigen Minuten auf einem Weg erreicht man die Waldkapelle. Neben ihr hängt im Freien ein Kreuz an einer Metallstange. Aus den Füßen Jesu tröpfelt es nicht nur, es spritzt förmlich heraus – allerdings handelt es sich nicht um Blut, sondern um Wasser aus der Innleite oberhalb, das durch Röhrchen, die an den Wundmalen angebracht sind, in ein Steinbecken fließt.

Was der Radler nicht sieht: Hier am Innufer gibt es Eingänge ins Erdinnere. Denn in der Region gab es früher Bergwerke, in denen ein dünnes Vorkommen an Braunkohle abgebaut wurde. Der Traum von einer Brikettfabrik scheiterte, heute liefert nur der Inn Energie. Doch davon profitiert vor allem ein österreichisches Unternehmen.

Heiner Effern

Die Bauform der bunten Häuser mit Grabendächern und Scheinfassaden ist typisch für den Inn-Salzach-Stil.

Mühldorf

A94

Kraiburg

Gars

Wasserburg

Inn

Rott

DEUTSCHLAND

BAYERN

Chiemsee

Rosenheim

A8

Neubeuern

A93

ÖSTERREICH

Kufstein

5 km

N

Inn

Anreise: Wer sich für eine Radtour am bayerischen Inn entscheidet, kann gut mit der Bahn anreisen. In der Tiroler Grenzstadt Kufstein halten Nah- und Fernverkehrszüge. Gut angebunden ans Gleisnetz sind die Inn-Städte Rosenheim, Mühldorf oder Passau. Zur Hochsaison empfiehlt sich eine frühzeitige Reservierung für die Räder (im Fernverkehr).

Tour: Der Inn entspringt im Oberengadin als kleiner Gebirgsbach am Lunghiner See. Im nahen Dorf Maloja am gleichnamigen Pass beginnt der Radweg. Gut 500 Kilometer schlängelt er sich am Fluss entlang durch die Schweizer Alpen, vorbei am mondänen St. Moritz, dann über Tirol und das bayerische Alpenvorland bis nach Passau. Fast auf der ganzen Länge sind Wege für Radfahrer ausgewiesen. Ambitionierte Sportler schaffen die gesamte Tour in sieben Tagen. Doch der Inn bietet sich auch für kürzere Reisen oder Tagestouren an. Der hier gewählte Abschnitt von Kufstein bis Mühldorf beträgt etwa 120 Kilometer. Die Seite www.innregionen. com bietet einen guten Überblick, dort kann man kostenlos Infomaterial bestellen. Auch professionelle Anbieter von Radtouren am Inn sind im Netz gut zu finden. Mit Kindern ist die Tour durchaus gut zu machen, sofern Eltern genügend Pausen einlegen, sich immer wieder Motivationstricks einfallen lassen und bereit sind, auch mal zwei Räder zu schieben.

Übernachtung: Die Orte am bayerischen Inn haben sich oftmals gut auf Radler eingerichtet. Schilder am Weg weisen auf Gelegenheiten zum Einkehren und Übernachten hin. Vom Privatzimmer mit Familienanschluss bis zum Hotel sind alle Kategorien verfügbar. Eine Auswahl an Quartieren bieten die jeweiligen Tourismusverbände.

„Dös is da schönste Fleck da Welt"

Entlang der niederbayerischen Abens durch das Herz des Freistaats: Ein Tagesausflug in die Hallertau

Die Hallertau ist mehrfach besungen worden, jedoch selten so wohlgefällig wie im Holledauer Lied: „Wia da Herrgott vor vielen Jahr'n erschaffen hat die Welt, hat er am siebten Tag erst g'spannt, dass do no etwas fehlt. Und was do no abganga is, dös wiss'ma ganz genau: Dös is da schönste Fleck da Welt, die schöne Holledau." Man mag diese Zeilen für übersteigerten Lokalpatriotismus halten, und es stimmt ja auch: Keine Berge, keine Seen – mit bayerischem Postkartenidyll kann die Hallertau nicht aufwarten. Wer sich

Der Hopfen, auch das Grüne Gold genannt, dominiert das Landschaftsbild der Hallertau. Etwa ein Drittel der weltweiten Ernte kommt von hier.

aber die Zeit für einen zweiten Blick nimmt, wird auf dieser Fahrradtour mitten durch das Herz des Freistaats nicht enttäuscht. Und welcher Weg würde sich besser anbieten als jener den Fluss entlang, der das Hopfenland von Süden nach Norden durchzieht: „Dann hat er's hald no einig'stellt ins hügelige Land. A Wasserl hat er durchegricht, die Abens wird's genannt."

Hügelig ist die Hallertau wohl, nicht aber der Abens-Radweg. Die gut 30 Kilometer lange Tour von Mainburg nach Bad Gögging ist für Kinder und Senioren gleichermaßen geeignet. Der zumeist ebene Weg über wenig befahrene Nebenstraßen oder Schotterwege bietet sich ideal für einen Tagesausflug an. Wer früh genug losfährt, hat sogar Zeit, die Route für kleine Abstecher zu verlassen. Wer etwa in die Welt des Hopfenanbaus eintauchen will, sollte kurz nach dem Start von Mainburg aus nach Attenhofen zum Hof der

Die Abens ist der Fluss, der das Hopfenland von Süden nach Norden durchzieht. Besonders ruhig fließt sie in den Auen zwischen Elsendorf und Train.

Familie Stiglmaier fahren, allerdings nicht ohne vorherige Anmeldung. Dann erfährt man alles über die Vielfalt des Hopfens und welche Mühe es bereitet, die Pflanzen ein halbes Jahr buchstäblich bei der Stange zu halten. „Und wer no nia an Hopfa g'sehgn, ja, der begreift dös nia, was dös grad für a Arbeit macht, bis fertig is des Bier."

Mit ein wenig Glück kommt man auch am Streckenrand ins Fachsimpeln. Zwar selten mit anderen Radlern, denn wochentags gehört einem der Abens-Radweg fast alleine. Wer jedoch zur schönsten Zeit im Juli und August unterwegs ist, hat gute Chancen, einen Bauern bei der Arbeit anzutreffen. Nicht umsonst heißt es, dass der Hopfen jeden Tag seinen Herrn sehen will. Ungefähr 30 000 Tonnen der jährlichen Ernte kommen aus der Hallertau, ein Drittel der gesamten Weltproduktion. Schon richtig, sagt ein Landwirt, der kurz vor Ratzenhofen auf dem Feld arbeitet. Ein Gespräch in dem gemütlichen

Die Hallertau ist in 14 Siegelbezirke unterteilt. Tradition wird großgeschrieben – oder eben auch groß gemalt, wie an den alten Siegelgebäuden zu sehen ist. Hier das Siegelgebäude von Siegenburg.

Wo sich auch die Tiere wohlfühlen: Auf dem stillgelegten Kamin der Brauerei in Siegenburg residiert seit mehr als 40 Jahren ein Storchenpaar.

Schlossbiergarten, der nur am Wochenende offen hat, ist leider nicht möglich. Doch um zu erfahren, dass die Zeiten nicht mehr so sind wie früher, reicht auch der Plausch auf der Straße: Immer unkalkulierbarer werde das Geschäft, klagt der Bauer, immer härter die internationale Konkurrenz. Wer allerdings all die vielen Hopfengärten und stolzen Höfe sieht, bekommt eine Ahnung davon, dass das Geschäft mit dem Grünen Gold auch heute noch einträglich sein kann.

Dem Hopfen wird ja eine beruhigende Wirkung nachgesagt, so gesehen passt die Abens perfekt in die Landschaft. Unaufgeregt mäandert das Flüsschen vor sich hin, wie es in den Auen nach Elsendorf wohl am schönsten zu beobachten ist. Wer den Anstieg in Train gemeistert hat, wird durch einen Blick auf das Wasserschloss entschädigt, das mit seiner herrlichen Kulisse ein Geheimtipp für Hochzeitsfotos sein soll. Weiter geht es nach Siegenburg, das im Schatten der Nikolaus-

Die Deutsche Hopfenstraße, ein Teilstück der B301, führt von Freising nach Abensberg. Den Abens-Radweg kreuzt sie allerdings kaum einmal.

Die Abens mäandert meist gemütlich vor sich hin, aber sie kann auch anders: Bei starken Regenfällen gerät die Auen- schnell zur Seenlandschaft.

Kirche, dem Dom der Hallertau, zum Verweilen lockt: entweder zum Eisessen auf dem Marktplatz oder im kühlen Biergarten des Bräustüberls. 20 Brauereien bieten in der Raute zwischen Freising, Regensburg, Ingolstadt und Landshut Betriebsführungen an, unter anderem auch die in Siegenburg. „Da stehst du da, mei liaba Mo, da stehst du da und schaugst, den schönsten Hopfa, s'beste Bier, hat doch de Holledau."

Öfter als Brauereien begegnen einem auf der Fahrradtour längs durch den Landkreis Kelheim aber Wegkreuze und Marterl, die von

kleinen und großen Schicksalen erzählen. Die Menschen in der Hallertau pflegen offenbar nicht nur einen engen Bezug zu Hopfen und Malz, sondern auch zu jener höheren Macht, die diese Zutaten erhalten soll. Biburg etwa hat sehenswerte Zeugnisse christlicher Baukunst aus mehreren Epochen zu bieten: ein altes Benediktinerkloster, die Erlöserkapelle von Angerer dem Älteren und die Wallfahrtskirche Allersdorf kurz vor Abensberg. Ehe die Kinder vor lauter abendländischer Kultur aber zu quengeln beginnen, sollte man zügig weiterfahren. Der Besuch im Vogelpark,

Die Menschen hier pflegen nicht nur einen engen Bezug zu Hopfen und Malz, sondern auch zu jener höheren Macht, die diese Zutaten erhalten soll. Das Gotteshaus Mariä Lichtmess in Lindkirchen bei Mainburg wird auch als „Mariendom der Hallertau" bezeichnet.

Abensberg mit seiner historischen Stadtmauer ist immer einen Besuch wert: für Kulturfreunde ebenso wie für Kinder.

einem Tierpark mit Greifvogelschau, dürfte ihre Laune schnell wieder heben.

Kunstgeschichtlich interessierte Ausflügler sollten hingegen Zeit für einen Streifzug durch die Stadt einplanen: Denn Abensberg ist nicht nur die Heimat des Hundertwasserturms, sondern auch die von Johann Turmair, bekannt als Aventinus. Im Museum im Herzogskasten hat die Stadt dem Vater der bayerischen Geschichtsschreibung ein eigenes Kapitel gewidmet. Auch ein Streifzug durch die historische Altstadt lohnt sich – oder eine Pause in einem der schönen Cafés an der nun breiteren Abens, die man jetzt wieder eingeholt hat.

Die letzte Etappe führt nach Bad Gögging. Wer Zeit hat, kann den Tag in dem Kurort mit Minigolf direkt am Fluss oder mit einem erholsamen Bad ausklingen lassen. Oder man studiert im Fundament der Andreas-Kirche, wie die Römer bereits vor 2 000 Jahren die heißen Quellen ihrerseits für Wellness nutzten. Der Abens-Radweg endet hier, die Hallertau erreicht ihre nordwestlichen Grenzen. „Dann sag i zur Maria mein, oa Bitt no, liabe Frau, lass mi no oamal abischaugn auf meine Holledau." Noch drei Kilometer sind es, ehe die Abens bei Eining sanft in die Donau mündet. Wer sich die Mühe macht, sie bis zum Ende zu begleiten, kann sich mit einem Biergartenbesuch am Donauufer belohnen.

Wolfgang Wittl

Im Juli oder August, kurz vor der Hopfenernte, ist eine Radtour durch die Hallertau am schönsten.

Es muss nicht immer ein Biergarten sein: Am Ufer der Abens finden sich genügend Fleckchen, um sein Fahrrad einfach einmal stehen zu lassen.

Hopfen, Hefe, Malz und Hundertwasser

Die Abensberger Brauerei Kuchlbauer hat mit ihrem spektakulären Turm eine Attraktion geschaffen

Es kann schon mal vorkommen, dass bei einem Brauereibesuch der Boden unter den Füßen zu schwanken beginnt. In Abensberg allerdings muss man dafür nicht einmal etwas getrunken haben: Keine ebene Fläche durchläuft das Gebäude, kein Bauteil darf sein wie ein anderes. So lautet das Konzept von Friedensreich Hundertwasser – und so hat Leonhard Salleck, der Chef der Weißbierbrauerei Kuchlbauer, es auch umgesetzt.

Ende der 1990er Jahre hatte sich Salleck in den Kopf gesetzt, auf seinem Betriebsgelände eine „Bierwelt" zu errichten – ein Ort, an dem bayerische Bierkultur und Kunst zueinander fänden. Ihr Schöpfer sollte der österreichische Künstler Hundertwasser sein. Mehrmals stand das Projekt auf der Kippe: Erst wollte Hunderwasser nicht, er fühlte sich zu krank. Doch er ließ sich überzeugen, fertigte Anfang 2000 die ersten Skizzen an, ehe er sechs Wochen später starb. Dann monierte das Landesamt für Denkmalpflege, der Turm sei zu hoch und dominiere das Stadtbild. Also wurde er geschrumpft: von 70 Meter auf 50 Meter und schließlich auf 35 Meter. Im April 2007 erfolgte nach zähem Ringen die Grundsteinlegung, drei Jahre später war eines der umstrittensten niederbayerischen Bauprojekte fertig.

Heute ist Salleck froh, wie alles gekommen ist. Obwohl der Turm in seiner jetzigen

Der Hundertwasserturm in Abensberg war eines der umstrittensten niederbayerischen Bauprojekte. Heute zählt er mit seiner Bierwelt zu den größten Touristenattraktionen der Region.

Ausfertigung gerade mal ein Neuntel vom Volumen der ursprünglichen Planung misst, kam er sogar teurer als in den ersten Entwürfen mit 70 Metern. Doch auch in der kleineren Fassung hat der Turm alle Erwartungen bei weitem übertroffen. Jährlich maximal 50 000 Gäste hatte ein Gutachten vorhergesagt, 2011 notierte die Brauerei 178 000 zahlende Besucher. Nach dem Kloster Weltenburg ist der Hundertwasserturm die größte Touristenattraktion im Landkreis Kelheim. Vor allem ist er ein Marketinginstrument: Lag Kuchlbauers Bekanntheit zwischen drei und fünf Prozent in Bayern, sind es nun 20 Prozent. Als eine von wenigen der insgesamt 632 Brauereien im Freistaat verzeichnet das Abensberger Unternehmen signifikante Zuwachsraten im Bierausstoß.

Zwölf Euro kostet der Eintritt für Erwachsene, ein Weißbier inbegriffen. Doch Geld ist für Leonhard Salleck das eine, der künstlerische Auftrag das andere. Wer den Hundertwasserturm besucht, wird nicht nur über die Herstellung des Bieres informiert, sondern über den Künstler, das Projekt und ein Anliegen des Hobby-Philosophen Salleck. Auf eine Wand in einem alten Lagerkeller hat er in Originalgröße da Vincis Abendmahl auftragen lassen – und versucht sich selbst an dessen Interpretation. Derzeit lässt er von Hundertwassers Architekt Peter Pelikan nebenan ein Kunsthaus erbauen, in dem er 107 Kunstdrucke von Hundertwasser ausstellen will. Der Turm des Gebäudes soll dreimal schiefer werden als der von Pisa.

Wolfgang Wittl

Keine Berge, keine Seen – und doch eine der idyllischsten Gegenden Bayerns: so besungen auch im Holledauer Lied.

Donau

Bad Gögging

● Abensberg

Neustadt
a.d. Donau

● Siegenburg

● Elsendorf

Abens

Abens-Radweg

Mainburg ●

A93

● Tegernbach

Au i.d.
Hallertau ●

Isar-Abens-Radweg

Nandlstadt ●

Amper

Isar

● Langenbach

A92

3 km

● Freising

Abens

Anfahrt: Idealerweise mit Auto oder Bus, denn die Zuganbindung im Kreis Kelheim ist verbesserungswürdig. Von München kommend am besten mit der S-Bahn (S 1) nach Freising fahren, von dort weiter mit Bus oder Rad nach Marzling. Von Regensburg aus über Kelheim verkehren Freizeitbusse nach Mainburg, aber nur an Wochenenden und Feiertagen. Eine Familienkarte für zwei Erwachsene und bis zu drei Kinder kostet inklusive Radtransport 23,50 Euro. Der Abens-Radweg entlang der nur 50 km langen Abens ist die kürzeste Verbindung zwischen Donau- und Isartal. Die Strecke beginnt in Marzling bei Freising, bis zur Landkreisgrenze Kelheim firmiert sie als Isar-Abens-Radweg. Die landschaftlich schöne, meist ebene Strecke ist für alle Altersgruppen geeignet. Für E-Bikes gibt es Ladestationen. Die Gesamtlänge bis Bad Gögging beträgt etwa 65 Kilometer. Wer in Mainburg startet, spart sich die Hälfte des Weges und gewinnt Zeit für Pausen oder Unternehmungen. Profis können die Tour beliebig verlängern: Sie ist ein Teilstück der Strecke München – Regensburg – Prag.

Tipp: Über Hopfen und Bier lässt sich in der Hallertau, dem größten zusammenhängenden Hopfenanbaugebiet der Welt, so einiges erfahren. Wer sich Zeit nimmt, entdeckt in jeder Ortschaft auch kleine Sehenswürdigkeiten. Eine schöne Abwechslung für Kinder ist der Vogelpark vor Abensberg. Vor- und zugleich Nachteil: Die Hallertau ist touristisch noch wenig erschlossen. Ausflügler sollten daher berücksichtigen, dass viele Veranstaltungen/Führungen erst auf Voranmeldung zustande kommen.

Infos: www.tourismus-landkreis-kelheim.de oder www.tourismusverband-hallertau.de.

Wildromantisches Auf und Ab

Eine Herausforderung für die Beine – 171 Kilometer von Regensburg nach Bayerisch Eisenstein

Welterbe und Nationalpark, naturbelassene Auen, idyllische Badeplätze und Kulturdenkmäler – all das vereint auf 171 Kilometern der Regentalradweg zwischen Regensburg und Bayerisch Eisenstein. Weitgehend bestens präpariert, verläuft die Route durch jederzeit beschauliches Terrain: Die Orte hier heißen Gibacht oder Bettmannsäge. Zunächst geht es, obgleich stromaufwärts, mehr als 100 Kilometer lang durch nahezu flaches Land. Je weiter sich der

Der Regental-Radweg ist eine einfache Radtour und eignet sich ideal für Familien mit Kindern. Dafür sollte man den Weg in drei Etappen unterteilen, damit auch genug Zeit bleibt für die Schönheiten der Natur.

Radler in das wellige Profil des Bayerischen
Waldes wagt, desto anspruchsvoller wird der
Weg. Doch lässt einen spätestens die urwüch-
sige Schönheit des oberen Regentals so manche Strapazen vergessen. Anspruchsvoll wird
der Trip zwischendurch auf einer etwa 30 Kilometer langen Passage zwischen Viechtach
und der Kreisstadt Regen.

Den Dom St. Peter und die Steinerne Brücke im Rücken, nimmt die Tour im Regensburger Stadtteil Reinhausen ihren Anfang,

nur wenige hundert Meter von der Donau-mündung entfernt. Zunächst pfeifen links und rechts noch Autobahn und Bundesstraße vorüber. Kurz hinter Regenstauf knickt der Fluss dann leicht nach Osten ab. Das Regental öffnet sich, der Fluss mäandert gemächlich dahin, und der Radwanderer bekommt einen ersten Vorgeschmack auf all die idyllischen Momente, die noch kommen sollen. Nach allen Seiten dominieren satte Grüntöne, die Besiedelung nimmt spürbar ab, und auch auf

Die Route verläuft im ersten Abschnitt auf flussnahen Wegen durch Auenlandschaften und sanfte Hügel.

der parallel verlaufenden Fahrstraße herrscht kaum Verkehr. Die Geräuschkulisse: zirpende Grillen, sirrende Fahrradreifen. Kurz vor Hirschling wölbt ein wilder Apfelbaum die reich behangene Krone über die Piste. Zwei junge Rehe ducken sich am Straßenrand, ganz nah kommt der Radler heran. Erst nach sekundenlangem Blickkontakt huschen die Rehe davon.

Zu einer ersten Rast lockt nach gut 30 Kilometern das Örtchen Marienthal, das in erster Linie aus Kapelle und Biergarten besteht. Der Regen biegt hier im rechten Winkel nach Osten ab, noch mehr Einsamkeit entgegen. Der Weg schlängelt sich, immer plan, vorbei an Kartoffeläckern, abgeernteten Getreidefeldern und mit Seerosen bedeckten Altwässern. Angler lümmeln gemütlich in Liegestühlen, lösen Kreuzworträtsel. Zuverlässig tauchen hinter jeder Flussbiegung immer neue Kanufahrer auf. Ähnlich ländlich bleibt es zwischen Reichenbach und Walderbach, wo sich der Radler auch gerne mal in den Windschatten eines Traktors klemmen kann – die Kraftersparnis bezahlt er allerdings mit dem Einatmen der Abgase.

Nach guten 50 Kilometern, auf Höhe Kirchenrohrbach, geht's dann zum ersten Mal bergauf. Für die bis zu 15-prozentigen Steigungen entschädigt aber bald die herrliche Aussicht auf Roding und die Burg Regenpeilstein am gegenüberliegenden Ufer. Zwischen Roding und Cham führt die Strecke durch das 194 Hektar große, vollkommen unberührte Vogelschutzgebiet Rötelsee. Hinter Cham verengt sich das Tal dann erneut, und zwischen Chamerau und Miltach folgt eine besonders schöne Passage. Hier findet der Radweg gerade noch Platz zwischen der eingleisigen Trasse der Oberpfalzbahn zur Linken und dem Regen zur Rechten – ein Hochgenuss. Wer

Sportliche Radler schaffen die Strecke auch in zwei Tagen.

In der Cham-Further Senke mäandert der Fluss in weiten Schleifen. Die Auenlandschaften sind Rückzugsgebiete für Wiesenbrüter, wie Uferschnepfe, Bekassine und Großer Brachvogel.

nach den bis hierhin zurückgelegten knapp 100 Kilometern noch Reserven hat, den erwartet gleich ein weiterer Höhepunkt der Tour: Zwischen Blaibach und dem Luftkurort Viechtach wurde die einstige Trasse der Regentalbahn zur reinsten „Radl-Autobahn" ausgebaut. Langsam verwitternde, moosbewachsene Meilensteine am Wegesrand, und die lang gezogenen Kurven zeugen noch von der Historie der 1991 stillgelegten Strecke. Über knapp 14 Kilometer zieht sie sich zunächst sanft ansteigend durch dichten, kühlen Mischwald. Vom Scheitel an bieten sich trotz rasanter Abfahrt herrliche Ausblicke.

Wer jetzt nicht ruht, ist selber schuld. Denn ab Viechtach ist erst einmal Schluss mit Regen und Tal. Tief hinein geht es hier in die baumbestandenen Flanken des Bayerischen Waldes. Knackige Anstiege mit bis zu 20 Prozent Steigung führen hinaus aus dem Regental und auf das Hochplateau bei Altenmais auf 691 Metern Höhe. Doch lohnt auch hier die Plackerei: Oben erfrischt eine sanfte Brise die geschundenen Glieder. Vögel, Bienen und Grillen bitten fernab allen Zivilisationslärms zum Konzert, nur in der Ferne tuckert hier und da träge ein Traktor übers Feld. Das Auge schweift über weite Wiesen, die im Spätsommer übersät sind mit winterfest verpackten Heuballen.

Wer auf der Abfahrt hinunter ins Tal die Abzweigung nach Metten verpasst, gelangt zwar an ein besonders idyllisches Fleckchen am Regen, nur leider findet man sich in einer Sackgasse wieder. Nach einigem Auf und Ab sind die anspruchsvollsten 29 Kilometer der Tour bezwungen. Kurz hinter der Stadt Regen lädt dann bei Kilometer 140 ein breit angelegter Stausee zum Bad – wenn er nur nicht direkt an der Bundesstraße Richtung Zwiesel läge.

Das Klima im Regental ist warm, deshalb gedeihen hier auch Pflanzen wie sie im Donauraum vorkommen.

Zwar sind die steilsten Stücke überwunden; geruhsam aber wird es nicht mehr. Auch die folgenden zehn Kilometer bis Zwiesel verlangen den Beinen einiges ab. Wer zur richtigen Zeit unterwegs ist, kann sich dort aber an den alle zwei Jahre stattfindenden Glastagen erfreuen. Und sich bei einem Bummel durch das nette Städtchen etwas erholen für den 15 Kilometer langen Schlussanstieg hinauf nach Bayerisch Eisenstein. Den sollte man allerdings nicht verpassen: Über Schotter windet sich eine gut ausgebaute Forststraße entlang des kraftvoll rauschenden, jungen Regen, kreuzt mehrmals beinahe alpin anmutende Almwiesen und passiert so manches wildromantisch gelegene Gehöft. Das letzte Stück durch den Ort führt hinauf zum Grenzbahnhof auf die Zielhöhe von 724 Metern, zu Füßen des Großen Arbers, dem „König des Bayerwaldes".

Johannes Süssmann

Der Bärwurz, ein klarer Bayerwaldwurzelschnaps, wird nach streng gehüteten Familienrezepturen aus Bärwurzelauszügen hergestellt. Früher setzte man die Pflanze hauptsächlich in der Tierbehandlung ein.

Würzige Wurzeln

Ein Nachkriegsschnaps kommt in Mode:
Die Geheimnisse der Bärwurzerei Hieke in Zwiesel

Der Bärwurz ist ein „Auslaufmodell", sagt Prokurist Heinrich Fruhstorfer. Der Magenbitter aus dem Bayerischen Wald sei ein typischer Nachkriegsschnaps. Seit Jahren schon gingen Produktion und Verkauf zurück. Wer der Bärwurzerei Hieke in Zwiesel einen Besuch abstattet, gewinnt einen anderen Eindruck. Nicht ohne Grund steht der geschmückte Firmensitz mit bunter Fassadenmalerei in der Mitte eines ausladenden Parkplatzes. In ihrem engen Verkaufsraum wimmelt es von Touristen. Ganze Busladungen zumeist grauhaariger Besucher drängen sich vor den Regalen, die bis unter die Decke reichen und beladen sind mit allerlei bunten Flaschen. Am Probierstand geht es ausgelassen zu, es wird gelacht, gescherzt, genippt.

Vor mehr als 50 Jahren gründete Heinrich Hieke die Destille. „Damals hatten wir gera-

Der Bärwurz steht seit langem unter Naturschutz und wird daher im Auftrag der Hersteller von Waldbauern angebaut. Wild findet man ihn im Gebiet um den Kleinen und Großen Arber, am Rachel und am Lusen.

de einmal drei Sorten im Programm", sagt Heinrich Fruhstorfer, sein Sohn. Heute sind es über 30 Sorten. Mit dem Klassiker allein ist kein Geschäft zu machen. „Die jungen Leute wollen es immer fruchtiger", sagt Fruhstorfer. Der neue Renner sei der „Forsthäusler", ein Brand aus Vogel-, Heidel- und Brombeeren.

Mehr als 20 Bärwurzereien gebe es wohl noch in der Gegend, schätzt der Prokurist. „Der Bärwurz gehört halt einfach zum Bayerischen Wald", sagt er. Der Grundstoff – Ligusticum mutellina, die gemeine Bärwurzel – wird nur hier angebaut. Wo genau, sagt Fruhstorfer nicht. Die Wurzel müsse bis zur Ernte sechs bis acht Jahre wachsen, „und wenn ich jetzt verrate, wo genau die Anbaugebiete liegen, dann sind die Wurzeln weg", fürchtet er.

Längst wurde das Sortiment der Bärwurzerei erweitert – der Kunde kann heute zwischen etwa 30 Sorten wählen, darunter Schnäpse mit so originellen Namen wie Akademiker, Zauberbeere, Wolpi oder Hoiber-Hex.

Bei der Herstellung hat sich in all den Jahren wenig verändert in der Bärwurzerei Hieke. Insgesamt 15 Festangestellte beschäftigt der Familienbetrieb. Hinzu kommen noch einmal etwa genauso viele Aushilfen, die sich in erster Linie um den Verkauf kümmern. Die würzigen Wurzeln werden nach der Ernte zunächst mit einem bis zu 65 Volumenprozent starken Alkohol-Wasser-Gemisch angesetzt. Nach einigen Monaten wird das Ganze dann zweimal destilliert, „um eine höhere Qualität zu erzielen", so Fruhstorfer. Weil das hoch konzentrierte Destillat nun jedoch viel zu stark und somit ziemlich teuer wäre, wird es anschließend so lange mit Alkohol und Wasser abgeschmeckt, bis der gewünschte Alkoholgehalt und das vollmundige Aroma erreicht sind.

Erst dann darf der Schnaps in die typische Steingutflasche, die wiederum in einem der hohen Regale im Verkaufsraum der Bärwurzerei landet. Fragt sich nur, wie lange noch.

Heiner Effern

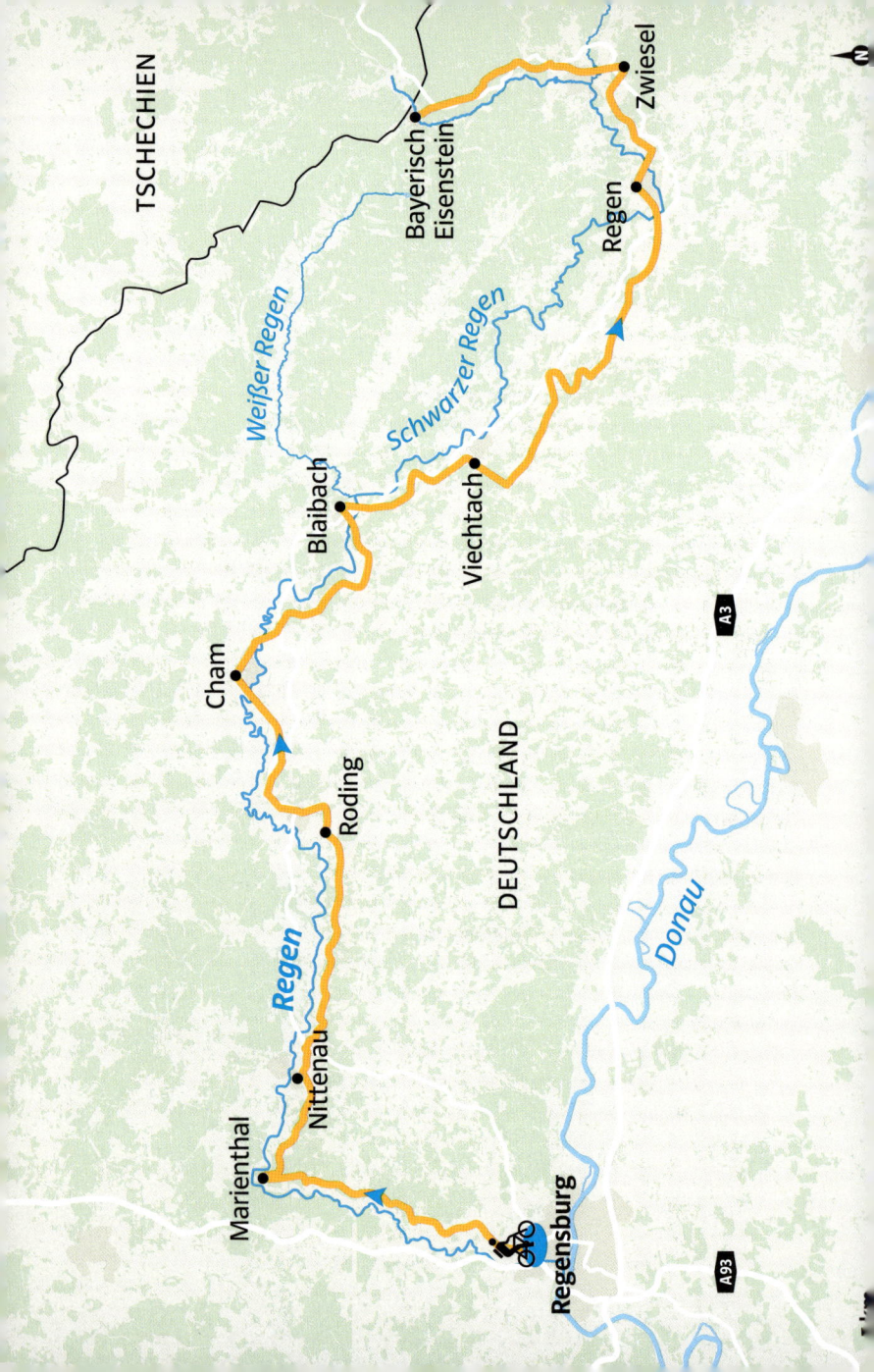

TSCHECHIEN

Zwiesel

Bayerisch
Eisenstein

Regen

Weißer Regen

Schwarzer Regen

Blaibach

Viechtach

Cham

DEUTSCHLAND

A3

Roding

Donau

Regen

Nittenau

Marienthal

Regensburg

A93

Regen

Anfahrt: Gut zu erreichen sind beide Ausgangspunkte. Nach Regensburg führt, von Nürnberg kommend, die A3, von München her die A9, dann die A93, von Hof aus ebenfalls die A93. Bayerisch Eisenstein ist über die A3 bis Deggendorf und von dort aus über die Bundesstraße 11 erreichbar. Beide Orte eignen sich auch für eine Anreise per Bahn. Die Fahrradtageskarte für fünf Euro gilt bayernweit. In Kombination mit dem Bayernticket (bis zu fünf Personen in allen Zügen des Regionalverkehrs) ist die Anreise per Bahn wohl die günstigere Alternative.

Tour: Wer gegen den Strom radelt, kann im Vorteil sein: Wenn man in Regensburg startet, wird die Landschaft nach und nach wilder, das Naturerlebnis daher umso intensiver erfahrbar. Außerdem herrscht weniger Radlverkehr als andersherum – dafür sind flussaufwärts mehr Höhenmeter zu bewältigen. Für Familien mit Kindern oder den reinen Genussradler ist es sicherlich ratsam, die etwas leichtere Variante zu wählen und in Bayerisch Eisenstein zu starten. Der Regentalradweg ist in beiden Richtungen ausgeschildert (grüne Schrift auf weißem Grund), nur in den Städten ist man auf sich gestellt, und auch auf freier Strecke könnten es ein paar Wegweiser mehr sein. Eine detaillierte Radwanderkarte ist daher Pflicht. Ein robustes Fahrrad ebenso, da die Route immer wieder über unasphaltierte Kies- oder Schotterpisten führt. Fahrradwerkstätten oder Pannenhilfe finden sich in erster Linie in den größeren Ortschaften.

Übernachtung: Hinter Cham ist die gesamte Gegend touristisch sehr gut erschlossen. Hier finden sich auch in den kleinen Dörfern genügend Gasthöfe und Pensionen. Die bayerische Biergartenkultur floriert auch entlang des Regens. Die vielen kleinen Brauereien Niederbayerns und der Oberpfalz bieten einen abwechslungsreichen Querschnitt durch die heimische Braukunst.

Von Schleuse zu Schleuse

Der Ludwigskanal zwischen Donau und Main ist heute ein Industriedenkmal ersten Ranges

Auf dieser Radtour kann es einem leicht passieren, dass man sich in einen schier endlosen Schlossgarten versetzt fühlt. In der Mitte der Ludwigskanal, knapp 16 Meter schmal und immer wieder von schmucken Brücken überspannt. Auf seinem stillen Wasser blühen weiße Seerosen, dazwischen tummeln sich Enten, unten ziehen Graskarpfen ihre Bahnen. An den Ufern Eichen bis zum Horizont. Kanal und Allee

Der Ludwigskanal zählte einst exakt hundert Schleusen. Ungefähr zwei Drittel davon sind noch erhalten. Jede von ihnen überwindet einen Höhenunterschied zwischen 2,33 und 3,2 Meter.

sind meist eingebettet in sattgrüne Wälder. Sie schirmen einen ab von Gewerbegebieten, Reihenhaussiedlungen, Bundesstraßen und sogar Autobahnen, sodass man kaum etwas spürt von der lärmenden Gegenwart. Fehlt nur, dass sich der Kanal einmal aufweitet und den Blick freigibt auf ein majestätisches Schloss. Doch der Ludwigskanal, der sich so perfekt in die oberpfälzische und mittelfrän-

kische Landschaft schmiegt, ist kein Schloss-kanal. Der Ludwig-Main-Donau-Kanal, wie er offiziell heißt, ist ein Industriedenkmal ersten Ranges. Er steht für den Aufbruch des Königreichs Bayern im 19. Jahrhundert in die Moderne, aber auch den Irrweg, der dabei be-schritten wurde.

Seit jeher war es der Traum der Herrscher im fränkisch-altbayerischen Grenzgebiet, die europäische Wasserscheide zu durchstoßen

Hoch über dem Alt-mühltal thront Burg Prunn auf einem stei-len Felsvorsprung. Der Ludwigskanal führte unten im Alt-mühltal entlang. Heute sind dort nur noch Res-te von ihm zu sehen.

Bei Kelheim zweigt der Ludwigskanal von der Donau ab. Hinter der Schleuse liegt der frühere Kanalhafen. Von ihm aus führt ein Verbindungskanal zur Altmühl.

und die Meere im Norden und im Süden mit einem Kanal zu verbinden. Aber erst König Ludwig I. sollte das kühne Unterfangen gelingen. 1846 wurde die Wasserstraße mit der Enthüllung des Kanaldenkmals am Burgberg von Erlangen feierlich eröffnet. Noch heute prangt dort in Stein gemeißelt: „Donau und Main/für die Schifffahrt verbunden/ein Werk von Carl dem Großen versucht/Durch Ludwig I. König von Bayern/neu begonnen und vollendet/MDCCCXLVI".

Einst war der Ludwigskanal 172,4 Kilometer lang. Wie der Main-Donau-Kanal, der

1992 in Betrieb ging, zweigte er bei Kelheim von der Donau ab und verließ bei Beilngries das Altmühltal. Von dort führte der Ludwigskanal über Berching, Neumarkt i.d. Oberpfalz und Burgthann nach Nürnberg hinein und ab Fürth das Regnitztal hinauf nach Erlangen und Bamberg, wo er in den Main mündete. Wie die Kanalbauer des 20. Jahrhunderts hatte auch Ludwig I. hochfliegende Erwartungen. Die Wasserstraße sollte nichts weniger als das Verkehrswesen revolutionieren. Hundert Schleusen mussten die Arbeiter aus riesigen Steinquadern mauern, sie gruben waghalsige Einschnitte ins Hügelland und schütteten an die 70 Dämme auf, einige bis zu 18 Meter hoch.

In den ersten Jahren erfüllte der Kanal durchaus die Erwartungen. Im Jahr 1850 transportierten die Lastkähne 200 000 Tonnen Fracht auf ihm – hauptsächlich Holz, Steine, Kohle und Getreide. Doch die Konkurrenz der damals ebenfalls neuen Eisenbahn war zu stark. Alsbald – auch dies eine Parallele zum Rhein-Main-Donau-Kanal – war der Schifffahrtsboom vorbei. Ab der Wende zum 20. Jahrhundert gab es kaum noch Fracht-

Wuchtige Schleusen am modernen Main-Donau-Kanal verändern die Landschaft massiv. Der Ludwigskanal (unten) hingegen schmiegt sich so perfekt in die Umgebung ein, dass man sich wie in einem weitläufigen Garten fühlt.

verkehr auf der Wasserstraße, 1950 wurde der Ludwigskanal aufgelassen. Vom Nürnberger Norden bis Bamberg wurde er alsbald zugeschüttet, statt seiner baute man die A73. Am Erlanger Kanaldenkmal, das die Schiffer einst ehrfürchtig grüßten, rasen heute Autos und Laster vorbei. Der Regnitz-Radweg, der hier entlangführt, lohnt die Fahrt nicht, so eingezwängt ist er zwischen A73, Gewerbebauten und Main-Donau-Kanal.

Ganz anders die Strecke im Süden von Kelheim durchs Altmühltal und vor allem ab Berching nach Nürnberg. Zwar sind auch im Altmühltal nur Reste des Ludwigskanals erhalten, so in Kelheim die Abzweigung von der Donau, dahinter der Hafen, dazu die eine oder andere Schleuse. Aber die Spurensuche macht viel Spaß, vor allem Kindern. Zumal man nebenbei an allerlei anderen Sehenswürdigkeiten vorbeikommt – sogar an einem nachgebauten Keltendorf. Von steilen Felsen grüßen Schlösser und Burgen herab, darunter Schloss Prunn, wo einst der Humanist Wiguläus Hundt den Prunner Codex entdeckte,

Die Treidelkähne auf dem Ludwigskanal waren nach einem einheitlichen Muster gebaut: 24 Meter lang, ungefähr 4,20 Meter breit und 1,16 Meter Tiefgang. Die Elfriede, die heute nahe Burgtann vor Anker liegt, ist einer der letzten Treidelkähne, die es noch gibt. In den Sommermonaten kann man auf ihr Fahrten unternehmen.

eine originale Handschrift des Nibelungen-
lieds. Und mit den wenigen Frachtschiffen
auf der Altmühl kann man sich spannende
Wettfahrten liefern.

Die Königsetappe beginnt in Berching.
Nicht weil sie so schwierig ist. Im Gegen-
teil: Wie das Altmühltal führt auch der Ludwigskanal eben durchs Hügelland. Nur an
den Schleusen muss man kurze Steigungen
überwinden. Die 65 Kilometer lange Strecke
von Berching bis Nürnberg ist deshalb die
Königsetappe, weil der alte Kanal hier komplett erhalten ist. Bei Berching führt der
Radweg vom Main-Donau-Kanal pfeilgerade
in die mittelalterliche Altstadt hinein. Dann

*Über die Holztore der
alten Schleusen kann
man noch heute von der
einen auf die anderen
Seite des Ludwigs-
kanals wechseln.*

geht's in Richtung B299. Da liegt der Ludwigskanal plötzlich vor einem. Wenig später zeigt er sich erstmals in seiner ursprünglichen Pracht. Aber nicht nur, weil man sich ein ums andere Mal in eine Parklandschaft hineinversetzt fühlt.

Bei Mühlhausen und bei Schwarzenbach dümpeln die Alma Viktoria und die Elfriede im Wasser. An den Wochenenden erwachen die alten Lastkähne zu neuem Leben. Bauersleute spannen Kaltblüter vor sie und treideln fröhliche Gesellschaften hin und her. Kurz hinter Neumarkt wachsen lauter Apfelbäume auf den Dämmen. Ein jeder ist fein säuberlich

Nur hier in Kelheim reichen Gärten und Häuser direkt an die Wasserstraße aus dem 19. Jahrhundert heran. Andernorts wird der Ludwigskanal nach wie vor von den alten Treidelwegen gesäumt. Und in Nürnberg ist er zugeschüttet.

Eines von 69 Schleusenwärterhäuschen, die nach Plänen von Leo von Klenze errichtet wurden. Die Schleusenwärter waren unter anderem für die Versteigerung des Obstes der 40 000 Bäume am Kanal zuständig.

nummeriert. Mitte September werden die Äpfel versteigert – am Baum, man muss sie selbst ernten. Immer wieder stößt man auf Kunstwerke, aus rostigem Eisen, aus hellem Lärchenholz, aus grauem Schichtbeton.

Und dann die vielen Schleusenwärterhäuschen. Ursprünglich waren sie alle identisch, angeblich lieferte Ludwigs Stararchitekt Leo von Klenze höchstpersönlich den Entwurf. Viele sind originalgetreu restauriert. Bei anderen wurden Obergeschosse draufgesetzt, Anbauten angestückelt oder die Fassaden dunkel verschalt. Doch egal, wie sehr sich die Häuschen an den Geschmack der Besitzer anpassen mussten, stets scheint Klenzes Klassizismus durch.

In Burgthann empfiehlt sich ein Abstecher ins Kanalmuseum in der gleichnamigen Burg. Dort kann man nicht nur den versteinerten Schädel eines Ichthyosauriers bewundern, den einst Bauarbeiter ausgegraben haben. Wer Glück hat, trifft Ingeborg Herrmann. Die Museumsbetreuerin weiß herrliche Geschichten zu erzählen. Wie die von den Schlagrahmdampfern, die bis in die 1930er Jahre von Nürnberg nach Fürth pendelten. Bei Fürth legten sie nahe der Ausflugsgaststätte Weigel an, die für üppige Sahnetorten berühmt war.

Jede der Schleusen ist exakt 4,67 Meter schmal und 34,5 Meter lang. Die Schleusung eines Lastenkahns dauerte damals nur zehn bis fünfzehn Minuten.

Von Burgthann ist es nicht mehr weit bis
Nürnberg. An der Kanalbrücke über die
Schwarzach, bei der man schon den Verkehrs-
lärm von der A9 herüberhört, sollte man unbedingt eine Pause einlegen. Zum einen wegen des idyllischen Biergartens, in den an
schönen Wochenenden die Nürnberger in
Scharen strömen. Zum anderen wegen der
Schlucht, in die sich das Flüsschen Schwarz-

*„Stapelung 3" hat
der Linzer Künstler
Wolfgang Kirchmayr
die acht Meter hohe
Skulptur aus Lärchen-
holz genannt, die nahe
der Heinrichsburg-
brücke bei Neumarkt
in der Oberpfalz steht.
Die Skulptur ist Teil
des Projektes „Kunst
am Kanal", das zeit-
genössische Kunst für
jedermann jederzeit
erlebbar machen soll.*

ach im Lauf der Jahrtausende eingegraben hat. Mit ihren bizarren Felsformationen und tiefen Höhlen zählt sie zu den ursprünglichsten Flusslandschaften Bayerns. Die zerklüftete Schwarzachschlucht und darüber die klassizistische Brücke mit dem Ludwigskanal – das ist eine der eindrücklichsten Impressionen dieser Radtour.

Christian Sebald

Leben aus dem Ursprung

Im Kloster Plankstetten widmen sich die Mönche der Zucht von Bio-Rindern und Öko-Schweinen

Wer ausspannen, tief durchatmen und den Kopf frei kriegen will, dem ist ein Besuch der Benediktinerabtei Plankstetten anzuraten. Mächtig thront das Barockkloster über dem Main-Donau-Kanal, ziemlich genau auf der Hälfte der Strecke zwischen Beilngries und Berching, dort, wo das komplett erhaltene, etwa 70 Kilometer lange Teilstück des alten Ludwigskanals bis Nürnberg abzweigt. Es ist ein stiller Winkel im Zentrum Bayerns, wo Mittelfranken, die Oberpfalz und Oberbayern aneinanderstoßen. Weitläufige Felder und Wälder wechseln einander mit Bauerndörfern ab. Nicht einmal die Arbeiter, die an der Sanierung des Mönchstrakts werkeln, stören die Ruhe. Nur beim Abendläuten schallen die Glocken der romanischen Klosterkirche weit ins Land.

So wie das Abendläuten hat auch Kloster Plankstetten eine Strahlkraft weit ins Land hinaus. Das liegt nicht nur an seiner bald 900-jährigen Geschichte, in deren Verlauf die Benediktiner die Region und die Leute hier tief geprägt haben. Seit Mitte der 1990er Jahre ist die Abtei ein ökologisches Mustergut, das Besucher von weit her anzieht. Getreu ihrem Grundsatz „Leben aus dem Ursprung" züchten die 17 Mönche mit Abt Beda Maria Sonnenberg an der Spitze Bio-Rinder und mästen Öko-Schweine, nach höchsten Standards bauen sie auf ihren Feldern Dinkel,

Arbeiten und Beten ist die Devise der Benediktiner. Dazu gehört auch das Versorgen der Tiere auf dem ökologischen Mustergut.

Braugerste, Backweizen und andere Getreidesorten an. In der Klosterbäckerei backen Frater Bonifatius und sein Team rustikale Vollkornbrote, Laugenbaguettes und Weizenkrustis, aber auch Nervenkekse oder Schweinsöhrl. In der Kloster-Metzgerei werden aus Ochsen, Kälbern und Schweinen saftige Braten und deftige Würste. In der Klosterwirtschaft gibt es süffiges Klosterbier, das freilich extern gebraut wird. Dafür brennen die Benediktiner selbst feine Obstschnäpse, sie imkern und mosten.

Das alles wäre Abt Beda und seinen Benediktinern freilich nichts ohne die andere Seite des Lebens aus dem Ursprung. „Das ist das Leben mit Gott", sagt der Abt. „Gott ist der Ursprung allen Lebens." Vielen Besuchern geht das offenbar genauso. Zumindest legt das der ständig steigende Zustrom zum Gästehaus St. Gregor gegenüber dem Mönchstrakt nahe. Hier bieten die Benediktiner spirituelle Kurse und Workshops an, man kann Ikonen malen, die Heilkraft von Wildkräutern erproben und anderes mehr. Wer will, kann am Tageslauf der Benediktiner teilnehmen, von der Vigil um fünf Uhr früh bis zur Komplet um 19 Uhr. „Kloster auf Zeit" heißt das auf Neudeutsch. Abt Beda spricht lieber von einer „Zeitinsel", die Plankstetten sein will. „Eine Zeitinsel, in der Menschen zur Ruhe und Besinnung kommen", sagt er, „in der sie einfach abschalten können."

Christian Sebald

Im Jahre 1129 gründete Graf Ernst VI., aus dem Geschlecht derer von Gröglingen zusammen mit seinem Brüdern Gebhard II. von Eichstätt und dem Eichstätter Hochstiftsvogt Hartwig, die Benediktinerabtei als bischöfliches Eigenkloster.

Das Wappen der Abtei über dem Eingang des Klosters.

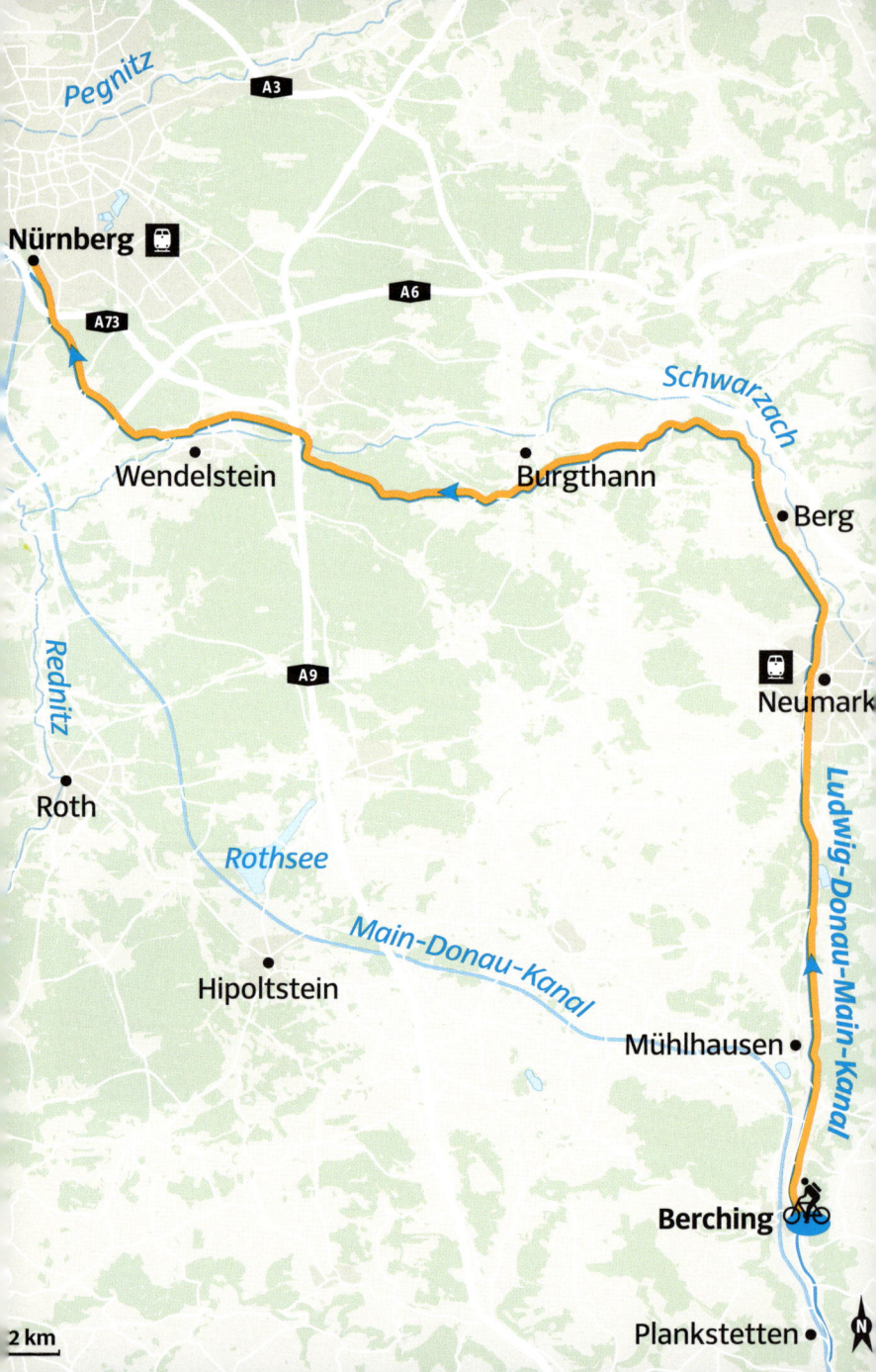

Pegnitz

A3

Nürnberg 🚉

A73

A6

Schwarzach

Wendelstein

Burgthann

Berg

A9

Neumark 🚉

Rednitz

Roth

Rothsee

Ludwig-Donau-Main-Kanal

Main-Donau-Kanal

Hipoltstein

Mühlhausen

Berching

Plankstetten

2 km

N

Ludwigskanal

Anreise: Eine Anreise mit dem Auto hat keinen Sinn. Außer man radelt denselben Weg wieder zurück. Mit der Bahn empfehlen sich Kelheim-Saal, Neumarkt/Oberpfalz oder Nürnberg als Startpunkte. Von Neumarkt sind es allerdings nur etwa 50 Kilometer am Ludwigskanal bis Nürnberg. Wer in Nürnberg losradelt, muss sich erst in die Gartenstadt (Finkenbrunn) durchkämpfen, bis er am Ludwigskanal ist.

Tour: Die Orientierung entlang des komplett erhaltenen, 65 Kilometer langen Teilstücks des Ludwigkanals zwischen Berching und Nürnberg ist einfach: Man folgt immer dem Kanal. Wer abzweigt, etwa zum Kanalmuseum in Burgthann, findet dank der guten Ausschilderung leicht wieder zurück. Und wer die 130 Kilometer lange Strecke ab Kelheim radeln will, fährt von dort bis Beilngries den Altmühl-Radweg. Die Verbindung von Beilngries bis Berching ist ebenfalls sehr gut ausgeschildert.

Übernachtung: Überall an der Strecke gibt es Gasthöfe, Pensionen und Hotels, die auch Zimmer für eine Übernachtung anbieten, sodass man die Strecke leicht in Etappen untergliedern kann. Im Altmühltal, bei Neumarkt und bei Berg kann man auch zelten. Ein Blick auf die Internetseiten der Orte am Kanal hilft weiter, z. B. www.berching.de, www.neumarkt.de, www.burgthann.de.

Infos: Karten beim Landesamt für Vermessung (UKL-18, UKL-19, UKL-24, UKL-25), www.fuenf-fluesse-radweg.de.

Der bayerische Amazonas

Die Schönheit heimischer Natur – Beim Paddeln auf dem Obermain fühlt man sich wie in einer anderen Welt

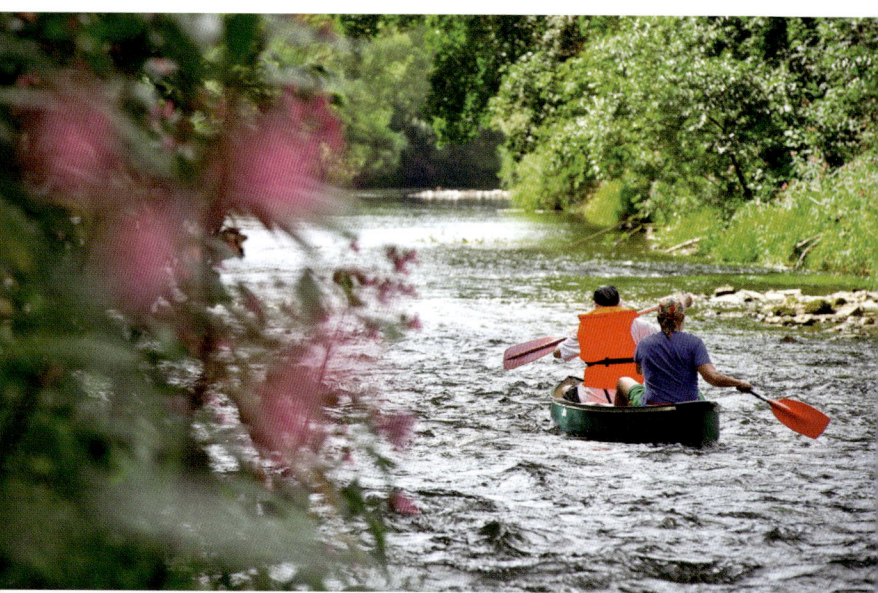

Der rosafarbene Blütenteppich, der die Uferböschung überwuchert, dünstet süßlich den Duft einer anderen Welt aus. Verschlungene Wurzeln halten das Flussufer fest, Zweige baumeln bis über die Wasseroberfläche. Fast meint man, sich auf einem Flussarm des Amazonas zu befinden, umgeben von Mangroven und Lianen. Und liegt dort im Schutz des Ufers nicht etwa ein

Es dauert einen Moment, bis Mensch und Boot einen Rhythmus mit dem Wasser finden. Doch dann beginnt die Tiefenentspannung in der wunderschönen Naturlandschaft am Obermain.

Krokodil? Nicht ganz, es ist nur ein Stück Rinde, das gemächlich stromabwärts treibt. Doch wer weiß, vielleicht schon hinter der nächsten Kurve …

Bei einer Paddeltour auf dem Obermain mit dem Kajak oder dem Kanu scheint alles möglich zu sein. So magisch, so verzaubert wirkt der Flussabschnitt von Hausen bis Hallstadt in Oberfranken, in der Nähe von Bamberg. Die im 19. Jahrhundert für die Flößerei

mit Kopfsteinpflaster ausgebauten Ufer sind völlig zugewuchert. Der nur wenige Meter breite Fluss fließt leise gurgelnd gemächlich vor sich hin. Seit den 1990er Jahren wird der Obermain Stück für Stück renaturiert, seit 2010 werden im Rahmen des EU-Förderprogrammes LIFE-Natur auch die zugehörigen Seen und Auen so umgestaltet, dass sie heimischen Tieren wieder Schutz und Lebens-

Einer der Höhepunkte der Tour: das Naturdenkmal Trimeusel in Nedensdorf, eine Steilwand aus wunderschön aufgeschlossenen Schichten des Schwarzen Jura.

raum bieten. Viele Steinufer sind bereits Steilufern aus Erde oder flachen Kiesufern gewichen; die aufgeschütteten Inseln sind bedeckt mit Büschen, Gräsern und Schilf. Betreten darf man sie nicht, denn dort brütet inzwischen wieder der Flussregenpfeifer und legt seine Eier direkt zwischen die Steine.

Für Kanu-Anfänger, Familien und Naturliebhaber ist der Obermain ein perfektes Ziel für einen Wochenendausflug: Auf 35 Kilometern Länge gibt es keine Wehre, Kanuverleihe bringen die Boote direkt an die Startstelle und holen sie wieder ab. Man zieht also die Schwimmwesten über, holt die wasserdichte

Tonne mit Handy und Geldbörse ins Boot, setzt das Kajak ins Wasser, und los geht es unterhalb von Kloster Banz, das heute von der CSU als Bildungsstätte und zur Klausur genutzt wird.

Jetzt nur nicht gleich auf den ersten Metern kentern – denn so ein Kanu wird richtig schwer, wenn es falsch herum auf der Wasseroberfläche treibt. Und nicht an den Satz des Kanuverleihers denken, mit dem er einen verabschiedet hat: „Sobald ihr um die erste Kurve seid, bin ich für euch unsichtbar." Dann grinste er schelmisch. „Nur manchmal, wenn ich eine Gruppe bei hohem Wasserstand

Perfektes Ausflugsziel für Anfänger, Familien und Naturliebhaber: Auf 35 Kilometern Länge gibt es im Obermain keine Wehre, wo man Kanu oder Kajak tragen müsste.

abgesetzt habe, setze ich mich ins Café und warte ein paar Minuten, bis ich den ersten rausziehen kann."

Die ersten Stunden auf dem Fluss will man nur schweigen und den Balztänzen der metallicblauen Prachtlibellen zusehen. Mit etwas Glück entdeckt man einen Biber oder eine Bisamratte, mit etwas Ausdauer einen Eisvogel beim Sturz ins Wasser. Lange war er verschwunden am Main.

Der erste Halt nach einer Dreiviertelstunde ist Unnersdorf: Arme ausschütteln! In Nedensdorf befindet sich einer der Höhepunkte der Tour: das Naturdenkmal Trimeusel, eine Steilwand aus wunderschön aufgeschlos-

senen Schichten des Lias, des Schwarzen Jura. Von oben bietet sich ein herrlicher Rundblick auf die Basilika Vierzehnheiligen, auf Kloster Banz, den Staffelberg und Bad Staffelstein. In Wiesen ist Zeit für eine Brotzeit und eine Badepause im See. Die Kajaks lässt man einfach am Ufer liegen. „Hier ist noch nie etwas weggekommen", sagt der Kanuverleiher – und tatsächlich liegen sie bei der Rückkehr unversehrt am Kiesufer.

Dass Kanu- oder Kajakfahren auf dem Obermain so entspannt ist, dass man sich alleine glaubt und die Ein- und Ausstiegsstellen gut ausgeschildert und einfach zu erreichen sind, ist ein Verdienst des Vereins Fluss-

Im Wasser, das von Flutendem Wasserhahnenfuß durchzogen ist, dreht sich das Boot in der Strömung, wenn der Paddler kurz seine Arme ausruht.

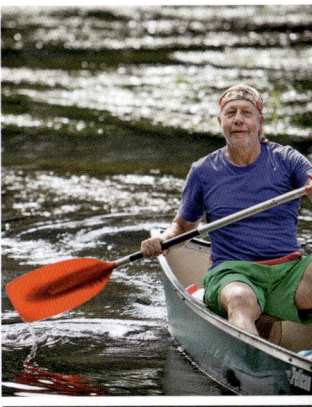

Um in einen der Badeseen auf der Strecke hineinzufahren, muss man kräftig paddeln. Sonst zieht die Strömung das Boot an der Einbuchtung vorbei.

Dass Paddeln auf dem Obermain so entspannt ist, ist ein Verdienst des Vereins Flussparadies Franken.

paradies Franken und der Arbeitsgruppe Partner für den Main. Anders als auf anderen Flüssen, wo sich Angler, Fischer und Paddler um die Flussgründe zanken und sich an schönen Tagen 300 Boote tummeln, erarbeiteten am Main Vertreter der Kommunen, der Landratsämter Lichtenfels und Bamberg, der Fischerei, der Naturschutzverbände und Kanuvereine vor etwa zehn Jahren ein Konzept des naturverträglichen Kanufahrens. Paddler müssten einige Regeln beachten, sagt Anna Schmitt, Geschäftsführerin von „Flussparadies Franken", dafür seien sie in einer intakten Naturlandschaft unterwegs und könnten bis zu 145 Kilometer auf dem Main fahren. „Von Lichtenfels bis Kitzingen – da teilen sie sich den Main dann mit größeren Schiffen und Booten – fahren sie direkt vorbei an Ortschaften und durch eine wunderschöne Landschaft."

Einen Vorgeschmack auf den größer werdenden Main bekommt man bereits ab Ebensfeld, dem „Tor zum Gottesgarten am Obermain". Der Fluss wird hier breiter, die Strömung zieht am Boot. An der Mainschleife, die 200 Jahre stillgelegt war und erst vor ein paar Jahren wieder in Betrieb genommen wurde, spürt man die eigentliche Fließgeschwindigkeit des Mains. Das Paddeln geht flotter, der Hintern im Boot balanciert das Schlingern der Stromschnellen aus. Gischt spritzt und macht Arme und Beine nass. Vor lauter Lust am Tempo fährt man versehentlich an Zapfendorf vorbei und verpasst die angeblich beste Eisdiele der Gegend. Auch in Ebing legt man nur einen kurzen Stopp zum Mittagessen ein.

Das Wasser ist jetzt durchzogen von Flutendem Wasserhahnenfuß, der wie Tritons Bart unter der Wasseroberfläche liegt. Auf der freien Fläche bläst der Wind; wenn man sich

treiben lässt, dreht sich das Boot. Am Ufer stehen Bagger, die Mulden für Flachwasserzonen ausheben, in denen sich das Wasser stauen kann. Dort hat sich inzwischen wieder die Bekassine angesiedelt, eine selten gewordene Schnepfenart mit langem spitzem Schnabel und braun-weiß-gestreiftem Gefieder. Auch der Hecht sucht diese Mulden – man schreckt regelrecht zusammen, wenn er nach einem Sprung klatschend ins Wasser zurückfällt und die Stille zerreißt. Nach einem Badestopp im See in Breitengüßbach erreicht man das ehemalige Fischerdorf Kemmern. Dort endet der Ausflug. Die Arme tun angenehm weh, am nächsten Tag wird man in Rücken und Oberschenkeln ein Ziehen spüren. Doch man wird auch entspannt sein wie nach einer Woche Urlaub. Und noch während man das Kajak auf den Anhänger des Verleihers hievt, plant man die baldige Rückkehr an den bayerischen Amazonas.

Sarah Ehrmann

Manchmal will man einfach nur schweigen und den Balztänzen der metallicblauen Prachtlibellen zusehen. Mit etwas Glück entdeckt man einen Biber oder eine Bisamratte, mit etwas Ausdauer einen Eisvogel beim Sturz ins Wasser.

Verrückte Basilika

Warum in Vierzehnheiligen bei Bad Staffelstein der Altar mitten im Langschiff steht

Imposant in Weiß und Gold steht der Rokoko-Gnadenaltar frei in der Mitte der Hauptrotunde der Basilika Vierzehnheiligen bei Bad Staffelstein. An diesem Platz, damals noch eine Wiese, soll im Jahre 1445 dem Schäfer Hermann Leicht dreimal das weinende Jesuskind erschienen sein. Beim dritten Mal ist es laut Sage umringt gewesen von einer Kinderschar, die sich als die 14 Nothelfer ausgaben. Als eine kranke Magd geheilt worden sein soll, nachdem sie die Nothelfer an-

Der freistehende Gnadenaltar mit den 14 heiligen Nothelfern steht in der Mitte der Hauptrotunde in Vierzehnheiligen.

rief, gab die Zisterzienserabtei Langheim dem Drängen der Gläubigen nach und errichtete eine Kapelle zu Ehren der 14 Nothelfer. Das Kirchlein wurde im Bauernkrieg 1525 und im Dreißigjährigen Krieg zerstört und danach jeweils wieder aufgebaut. Im 18. Jahrhundert sollte es durch einen repräsentativen Neubau nach Plänen von Balthasar Neumann ersetzt werden. Bauleiter Gottfried Heinrich Krohne wich allerdings von den Plänen ab – und versetzte den gesamten Bau ein Stück nach Osten. Der Grund dafür ist ein Rätsel. Da der Platz für den Altar aber nicht zu verschieben war und die einzige Lösung eine überdimensional große Kirche gewesen wäre, entschied man sich für einen freischwebenden Altar im Langbau des Gotteshauses.

Nach der Säkularisation 1803 mussten die Zisterzienser von Langheim ihr Kloster in Vierzehnheiligen verlassen. Kirchenschätze wurden verschleudert, Altarbilder verschwanden. Die Wallfahrt fand ein jähes Ende. Nachdem im Jahr 1835 der Blitz einschlug und die Orgel, den Dachstuhl und die beiden Türme verbrannte, glich die Kirche einer Ruine. Daraufhin beauftragte Bayernkönig Ludwig I. die Franziskaner mit der Betreuung der Wallfahrt und sie gestalteten die Kirche um. Im 20. Jahrhundert wurde die Basilika – inzwischen von Papst Leo XIII. in den Rang einer Basilica minor erhoben – erneut renoviert, sodass sie heute wieder den Plänen von Balthasar Neumann entspricht.

Vierzehnheiligen ist einer der bekanntesten Wallfahrtsorte, um den Schutz der 14 Nothelfer zu erbitten. Etwa eine halbe Million Besucher gehen jedes Jahr zu Fuß auf die kleine Anhöhe. Die Basilika ist Bestandteil des „Gottesgarten im Obermainland" und Teil des Jakobswegs.

Sarah Ehrmann

Die barocke Wallfahrtsbasilika wurde vom Architekten Balthasar Neumann erbaut und vor wenigen Jahren renoviert.

Lichtenfel

Unnersdorf

Hausen

Nedensdorf

Wiesen

Bad Staffelstein

A73

Main

Itz

Ebensfeld

Unterleiterbach

Baunach

Zapfendorf

Ebing

Baunach

Scheßlitz

Breitengüßbach

A70

Kemmern

Hallstadt

Bamberg

2 km

Obermain

Anfahrt: Von Bamberg aus fährt man dazu auf der A73 Richtung A70/B173/ Kronach/Coburg/Schweinfurt und biegt an der Ausfahrt 16 nach Ebensfeld ab. Der Verleiher organisiert Hin- und Rücktransport von Kanu und Gruppe sowie die Ausrüstung wie z. B. Schwimmwesten. Eine frühzeitige Buchung ist zu empfehlen. Ein- und Ausstiege der Kanu- oder Kajaktour spricht man am besten mit dem Verleiher ab. Eine Auflistung findet man unter www.flussparadies-franken.de. Für Familien oder Kleingruppen bietet es sich an, das Auto auf halber Strecke zu parken, sich vom Kanuverleiher nach Hausen bringen zu lassen und abends beim Auto wieder auszusteigen. Ein guter Start für Gruppen ist indes am Badesee in Wiesen, weil dort der Einstieg am einfachsten ist. Der Kanuverleih www.kanu-camping-obermain.de hat seinen Verleih wiederum direkt am Campingplatz Altmainsee in Ebensfeld.

Tour: Die 35 Kilometer lange Strecke von Hausen bis Hallstadt kann man auf zwei Tage aufteilen und beliebig abkürzen. Je nach Geschwindigkeit benötigt man pro Etappe vier bis sechs Stunden pro Tag. Da es zwischen Hausen und Kemmern keine Wehre gibt, ist die Tour besonders für Familien und Anfänger geeignet. An den Ausstiegen liegen Spielplätze, Eisdielen, Gasthöfe und Badeseen – aber noch keine Toiletten. Im ersten Streckenabschnitt, etwa von Hausen bis Ebensfeld, fließt der Main ruhig, und die Landschaft ist verwunschen. Im zweiten Abschnitt, von Ebensfeld bis Kemmern, wird es etwas rasanter. In beiden Abschnitten gibt es einen Badesee und ein paar gut zu bewältigende Stromschnellen. Fährt man noch weiter bis Hallstadt, überfährt man einige spritzige Stromschnellen, die aber auch für Anfänger gut zu überwinden sind.

Infos: Pegel unter 01804/370 037 524 oder auf der Internetseite www.kanu-bayern.de/freizeitsport/gewaesserinfo/pgi/pegelliste.

Wo die Uhren noch langsamer gehen

Vorbei an Schlössern und Klöstern – schwäbische Behaglichkeit auf dem Kammeltalradweg

Man darf es mal aussprechen: Obwohl die Menschen zwischen Lech und Iller nun schon mehr als 200 Jahre zu Bayern gehören – ins Herz geschlossen hat sie der Altbayer nicht wirklich. Dieses Schicksal teilen die bayerischen Schwaben im Übrigen mit den Franken. Es mag ja sein, dass der Altbayer, wenn er sich doch mal nach Mittelschwaben, ins Ries oder ins Allgäu aufmacht, gewisse Verständigungsprobleme hat, was

Mitten im Schwäbischen Barockwinkel liegt das Kloster Wettenhausen, eines der vielen Kleinodien entlang der Tour von Mindelheim nach Günzburg. Startpunkt ist die Mariensäule in Mindelheim.

Kurz vor dem Ziel noch einmal Rast am Silbersee bei Remshart.

umgekehrt weniger zutrifft. Schließlich überfordert das Bayerische heute, wo fast jeder Zugereiste sich in Loden kleidet, kaum noch jemanden, wohingegen der schwäbische Dialekt für altbayerische Ohren noch immer eine Herausforderung darstellt. Aber auch wenn der Altbayer an dem sprachlichen Duranand (schwäbisch für Durcheinander) verzweifelt, eines erstaunt ihn bei seinen Besuchen immer wieder: dass der Wilde Westen des Freistaats soviel Reizvolles und Interessan-

tes an Geschichte, Kultur und Naturschön-
heiten zu bieten hat. Wer sich also auf eine
solche Entdeckungsreise einlassen möchte,
dem sei eine Radtour von Mindelheim nach
Offingen/Günzburg, entlang der häufig noch
mäandernden Flüsschen Mindel und Kammel durch das Herz von Bayerisch-Schwaben
empfohlen.

Man verlässt Mindelheim, das geprägt ist
von seinem historischen Stadtkern und der
Mindelburg, durch das Westernacher Tor in

*Ein Standbild des
Georg von Frundsberg,
im 15. Jahrhundert ein
Landsknechtsführer in
habsburgischen Diens-
ten, schmückt heute
das Rathaus von Min-
delheim. Ihm zu Ehren
wird alle drei Jahre das
Frundsbergfest in der
Altstadt gefeiert.*

Richtung Norden. Rasch gelangt man auf einen gut ausgeschilderten asphaltierten Wirtschaftsweg und folgt dort dem Wegweiser nach Pfaffenhausen. Um diese Jahreszeit sind die meisten Felder entlang des Weges schon abgeerntet. Aber im Hochsommer, wenn die

Im 16. Jahrhundert erwarben die Kaufleute Vöhlin die Schlossanlage in Neuburg an der Kammel und ließen ein prächtiges Renaissance-gebäude errichten.

Sonne richtig brennt, freut man sich, wenn man links und rechts von Schatten spendenden Maispflanzen oder goldgelb-strahlenden Sonnenblumen eingerahmt wird. Vor einem zeichnet sich bereits die Klosteranlage Lohhof ab, ein neuromanischer Bau, der heute aber nur noch weltlich genutzt wird. Ein Abstecher lohnt sich deshalb nicht, sondern der Weg führt weiter an der Mindel entlang nach Hausen. An dieser Stelle ist durchaus mal ein Blick zurück angesagt. Bei gutem Wetter grüßen aus dem Hintergrund die majestätisch aufragenden Allgäuer Alpen.

Ehe man an Pferdekoppeln vorbei mit seinem Rad in die Marktgemeinde Pfaffenhausen einbiegt, kann man rechter Hand in der Ferne das Fugger-Schloss Kirchheim sehen. Hoch thront es über dem Mindeltal und ist berühmt für seinen Konzertsaal mit einer Decke aus Zedernholz. Storchendorf wird Pfaffenhausen auch genannt, weil dort regelmäßig Störche auf dem Dach des Blindenheims brüten. Via Kamera kann man die Jungstörche bis zu deren Ausflug in ihrem Horst beobachten.

Unmittelbar nach Pfaffenhausen muss man die Bundesstraße 16 unterqueren und den Schildern nach Weilbach und Breitenbrunn folgen. Jetzt befindet man sich im Kammeltal und ist auf dem gleichnamigen Radweg unterwegs durch stolzes Bauernland. Die Dörfer und Höfe sind zwar etwas schlich-

Wer Kinder dabei hat, die keine Lust auf Vergangenes haben, der fährt ins nahe Freizeitparadies Legoland bei Günzburg.

ter als im bayerischen Oberland, aber mit ihren erntereifen Gärten und den vielen Obstbäumen im Spätsommer eine Augenweide. Den nächsten Ort Loppenhausen mit seinem markanten Backsteinturm mit Satteldach lassen wir rechts liegen.

Das Tal ist jetzt enger geworden. Links und rechts liegen sanft ansteigende, bewaldete Hügel – und einen Steinwurf vom Radweg entfernt schlängelt sich die Kammel durch saftige Wiesen. Das Wasser selbst ist kaum zu sehen, denn ein dichter Saum von Büschen und Schilf begleitet den Fluss. Das ist Naturgenuss pur und eine Wohltat für die Radlerseele. Gemütlich geht es weiter über Haupeltshofen, Aletshausen und Niederraunau, ehe man auf die Stadt Krumbach zusteuert –

die Hälfte des Radwegs ist geschafft. Seit dem Start sind knapp drei Stunden vergangen.

Die barocke Pfarrkirche und ein Renaissanceschloss dominieren den malerischen Stadtkern von Krumbach. Wer der schwäbischen Befindlichkeit ein wenig nachspüren will, tut gut daran, hier nicht nur Mittagspause zu machen, sondern auch die Nacht zu verbringen. Aufregend ist die Stadt zwar nicht, aber gut fürs Gemüt. Und bisweilen hat man auch das Gefühl, hier gehen die Uhren etwas langsamer. Wer also dem Trubel der Groß-

Majestätisch auf den Ausläufern einer Hügelkette gelegen, thront Schloss Neuburg über dem Kammeltal zwischen Günzburg und Krumbach. Der Landstrich von Krumbach bis zur Donau gehörte vor mehr als 200 Jahren zum Habsburger Reich.

stadt entfliehen will, der findet in Krumbach den Ausgleich – sei es im Biergarten, im Freibad, im Heimatmuseum oder beim Spaziergang ins nahe gelegene Heilbad Krumbad.

Durch den malerischen Stadtpark, wo die Kammel ein Wasserrad an der ehemaligen Mühle antreibt, geht es Richtung Norden, an Gewerbe- und Fabrikbauten vorbei, nach Billenhausen und weiter nach Neuburg, das von einem Schlosshügel überragt wird. Spätestens jetzt wird dem Radler bewusst, dass das Gesicht von Bayerisch-Schwaben von Klöstern, Burgen und Schlössern geprägt wird. Eine Reminiszenz an jene Kleinstaaterei, die einst die Region dominierte. Schloss Neuburg, das als feiner Ort für allerlei Veranstaltungen bekannt ist, kann nur per Voranmeldung besichtigt werden. Der Weg führt weiter an Feuchtgebieten entlang, wo man häufig Störche auf Froschjagd antrifft. Man passiert Behlingen, Unterrohr und Ettenbeuren und sieht am Horizont schon die Dampffahnen des Kernkraftwerks Gundremmingen aufziehen. Ein Schotterweg führt direkt auf das Dominikanerinnen-Kloster Wettenhausen zu. Die Pfarrkirche und der Kaisersaal des Klosters sind eine Besichtigung wert – eine freundliche Bitte an der Pforte wird nicht ausgeschlagen.

Von Wettenhausen an wartet dann ein Handicap auf die Radler. Der Weg führt normalerweise unter der nahen Autobahn A8 hindurch. Weil die aber gerade sechsspurig ausgebaut wird, muss man für ein kurzes Stück bis Unterknöringen auf die viel befahrene Staatsstraße 2024 ausweichen. Von Unterknöringen geht es dann über Schotter nach Remshart, wo man am Silbersee noch Kaffee trinken kann, ehe man rasch den Zielort Offingen erreicht.

Andreas Ross

Bis 1802 war Wettenhausen eine Reichsabtei der Augustiner Chorherren. Nach der Säkularisation und Auflösung der Abtei erhielten 1864 die Dominikanerinnen von St. Ursula in Augsburg die Gebäude, gründeten abermals ein Kloster und richteten eine Schule ein.

Das Heilbad und der Sprinter

Der ehemalige 400-Meter-Europameister Karl Honz hat das Krumbad aufpoliert

Wenn Tourismusmanager heute Besonderheiten ihres Wirkungskreises herausstellen wollen, dann sprechen sie gerne von Alleinstellungsmerkmalen. Wenn es danach geht, dann hat das Heilbad Krumbad gleich zwei davon: Zum einen ist es das älteste Heilbad Schwabens. Im Krumbad wurden schon Krankheiten mit Heilschlamm kuriert, als man beispielsweise in Bad Wörishofen noch keinen Schimmer davon hatte, selbst mal ein bekanntes Kneipp-Heilbad zu werden. Und zum anderen verfügt das Krumbad mit Karl Honz zweifellos über den schnellsten Geschäftsführer eines Gesundheitsbetriebes. Zumindest war er das einmal, denn 1974 gewann Honz bei der Leichtathletik-Europameisterschaft in Rom die Goldmedaille über 400 Meter. Klar, das zählt heute nicht mehr. Aber offenbar ist Honz auch beruflich ziemlich fit, denn unter seiner Geschäftsführung ist das Krumbad im vergangenen Jahrzehnt von einem etwas verschlafenen Badebetrieb zu einer modernen und viel gefragten Reha- und Wellnessanlage geworden.

Die Ursprünge des Krumbads gehen auf eine Legende zurück. 1390 soll der eifersüchtige Ritter Ulrich von Ellerbach seine Ehefrau wegen eines vermeintlichen Ehebruchs in eine Scheune gesperrt und diese dann angezündet haben. An der Stelle, wo die from-

Ergebnis einer Eifersuchtstat – die heilkräftige Adelheidsquelle.

me Frau verbrannte, kam eine heilkräftige Quelle zum Vorschein – die Adelheidsquelle. Eigentümer des Bades ist die St. Josefskongregation aus dem nahe gelegenen Kloster Ursberg, das gemeinsam mit dem Bezirk Schwaben, dem Landkreis Günzburg und der Stadt Krumbach seit 1981 auch die Heilbad Krumbad GmbH betreibt.

Das ganzjährig geöffnete Heilbad ist eine Kur- und Rehaeinrichtung und gleichzeitig ein moderner Wellnessbetrieb mit 70 Einzel- und zehn Doppelzimmern in der Vier-Sterne-Kategorie. Heilmittel ist der Krumbader Badstein, der getrocknet, geklopft und zermahlen in einer Mischung mit Wasser einen Schlamm ergibt. Dieser wird vor allem bei der Reha nach Gelenkoperationen, bei Rheuma, Arthrose und körperlichen Erschöpfungszuständen eingesetzt. Die Zahl der Übernachtungen beträgt 30 000 im Jahr. Damit erwirtschaftet der Kur- und Hotelbetrieb vier Millionen Euro Umsatz und bietet 100 Mitarbeitern, allein 30 davon im Therapiebereich, einen Arbeitsplatz. Das neue Panorama-Restaurant des Krumbads ist zudem ein beliebtes Ziel von Ausflüglern. Nach dem Essen kann man in den prächtigen Mischwäldern der Umgebung einen schönen Verdauungsspaziergang unternehmen.

Andreas Ross

Hier wird eine 600-jährige Badetradition in einer modernen Kur- und Rehaeinrichtung fortgeführt.

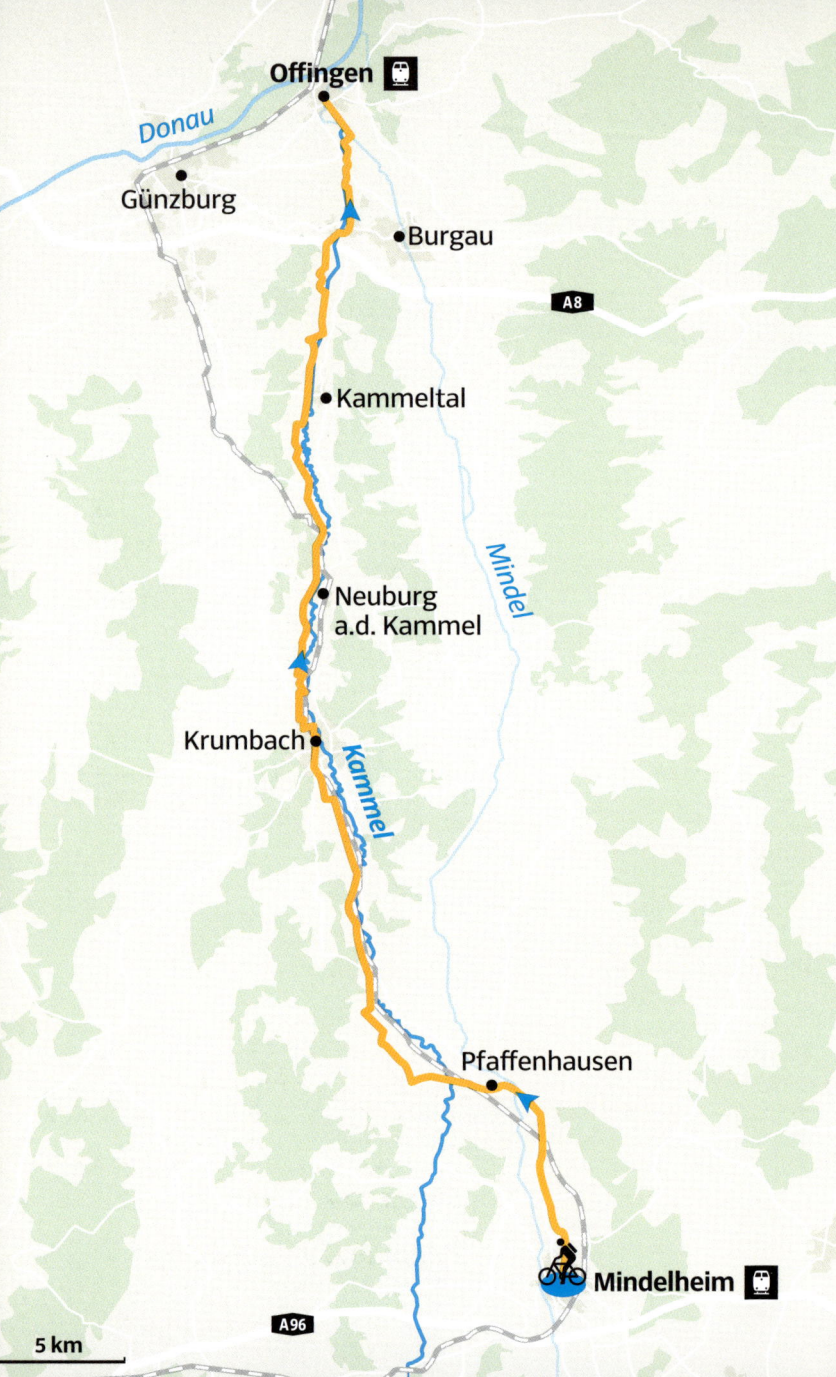

Donau

Offingen

Günzburg

Burgau

A8

Kammeltal

Mindel

Neuburg
a.d. Kammel

Krumbach

Kammel

Pfaffenhausen

A96

Mindelheim

5 km

Kammel

Anfahrt: Aus München oder Augsburg fährt man mit Nahverkehrszügen bis Mindelheim. Wer lieber mit dem Auto anreist, fährt auf die A96 Richtung Memmingen und nimmt die Abfahrt Mindelheim. Ende des Radwegs ist die Marktgemeinde Offingen, die an der Bahnlinie München-Ulm-Stuttgart liegt. Also auch von dort gibt es Heimfahrtmöglichkeiten mit Nahverkehrszügen in beide Richtungen. Wer den Radweg von Nord nach Süd fahren will, der gelangt über die Autobahn A8 (Ausfahrt Burgau) nach Offingen oder nimmt den Zug.

Tour: Der Kammeltalradweg ist keine wirkliche sportliche Herausforderung. Er ist knapp 65 Kilometer lang und kann ohne größere Mühe in sechs bis sieben Stunden bewältigt werden. Der Radweg weist keinerlei Hügel oder bergige Abschnitte auf, sondern verläuft überwiegend auf asphaltierten Wirtschaftswegen. Er eignet sich damit sehr gut für Familien mit Kindern und wendet sich in erster Linie an Genussradler, die genügend Zeit haben, die die Natur lieben und auch einen Blick für die Sehenswürdigkeiten am Rande der Strecke haben.

Übernachtung: Traditionsreiche Gaststätten mit guter Küche und Übernachtungsmöglichkeit findet man auf halbem Weg in Krumbach (www.krumbach.de). Und wer lieber durchradelt, der entdeckt in Offingen oder in den Nachbarstädten Burgau und Günzburg etliche bodenständige Wirtshäuser.

Bauernland, Wunderland

Eine Wanderung entlang der bedrohten Isen führt geradewegs ins Herz Altbayerns

An einem schönen Frühlingstag im Mai 1909 hatte sich die elfjährige Magdalena Schatz, Tochter des Füreiserbauern aus Anning, in der Schule unwohl gefühlt. Sie ist dann heimgegangen und dabei auf einem Feldweg von einer Sekunde auf die andere gestorben. Noch immer erinnert ein gusseisernes Wegkreuz am Ufer der Isen an jenes tragische Geschehen, denn die Nach-

Die großzügig mäandernde Isen mit ihren Auwäldern, Feuchtwiesen und Altwässern bietet einzigartige Lebens- und Rückzugsräume für gefährdete Tier- und Pflanzenarten.

kommen aus der Familie des Mädchens halten das Marterl vorbildlich in Schuss. Schon von weitem nimmt das Auge des Wanderers wahr, wie es am Wegrand schwarz und gülden glänzt, seitlich flankiert von Buchsbaum und einem Rosenstock.

Wer die Mühe auf sich nimmt, die Isen, einen 76 Kilometer langen Nebenfluss des Inn, von der Quelle bei Maitenbeth bis zur

Das Renaissance-Wasserschloss Schwindegg im Landkreis Mühldorf wurde zu Beginn des 17. Jahrhunderts auf mittelalterlichem Fundament errichtet.

Füreisers
Töchterlein von
Anning verstarb im
Blütenalter von
11 Jahren auf dem
Weg zur Schule

Das gusseiserne und reich verzierte Gedenkmarterl an der Isen bei Dorfen, das an den jähen Tod der elfjährigen Magdalena Schatz im Jahre 1909 erinnert, fällt stilistisch aus dem Rahmen.

Mündung bei Neuötting zu Fuß zu begleiten, wird nicht nur mit dem Tod konfrontiert, sondern muss überdies mit allerlei irdischen Beschwerlichkeiten fertig werden. Wehranlagen türmen sich auf, Wege führen ins Nichts, das Schuhwerk versinkt in nassen Wiesen. Und doch wird der Wanderer reich entschädigt, denn die träge wirkende und nur bei Hochwasser lebhaft werdende Isen ist von einer Fülle von Sehenswürdigkeiten gesäumt und nicht zuletzt von Erinnerungsorten, die einem auf berührende Weise die Vergänglichkeit von Mensch und Landschaft vor Augen führen.

Allein schon die wie an einer Perlenschnur aufgereihten und vorbildlich gepflegten Bauerngärten, Kapellen und Marterl lassen erahnen, warum die im Isental lebenden Menschen fast 40 Jahre lang, wenngleich vergeblich, gegen den Staat und seine Autobahnpläne aufbegehrt haben. An der Isen ist ganz stark jenes Gefühl zu spüren, das Ludwig Thoma am Tegernsee überkommen hat: „Um mich ist Heimat." Es ist merkwürdig, dass diese alte Kulturlandschaft den Erholung suchenden Münchnern fremd geblieben ist, obwohl sie nur einige Dutzend Kilometer von der Landeshauptstadt entfernt liegt.

Ein paar Gehminuten nach dem Marterl der Magdalena Schatz erreicht der Wanderer flussabwärts die Ortschaft Oberdorfen, wo der weithin sichtbare Kirchhügel ein lohnendes Ziel markiert. Auf dem alten Grabstein der Familie Schatz sind sogar noch die Namen der Geschwister des toten Mädchens eingraviert, denen ein längeres Leben beschieden war als ihrer armen Schwester. Von hier heroben fällt der Blick aber auch gen Süden, wo sich das Isental einen guten Kilometer in die Breite dehnt bis hin zu den Altmoränenrücken des einstigen Inngletschers. Sie bilden nun jene Hangleiten, auf der gerade die Fundamente für eine monströse Autobahnbrücke errichtet werden – ein Bauwerk, das in dieser sensibel geformten Hügellandschaft geradezu barbarisch wirkt.

Gut 20 Kilometer hat die Isen von der Quelle bis hierher zurückgelegt. Drunten im flachen Tal könnte so mancher Wanderer und Radtourist nach der ersten Etappe enttäuscht reagieren, denn in Flussnähe wirkt das Isental nicht immer so spektakulär, wie es die vielen Schlagzeilen über seine baldige Zerstörung vermuten lassen. Diese Gegend ist eben kein Naturschutzpark, sondern ein vielfältig

Marterl von solch kostbarer Machart waren normalerweise nicht üblich. Möglicherweise zierte dieses kleine Denkmal ehedem ein Priestergrab in München.

genutztes Bauernland, wie es in dieser traditionellen Form selten geworden ist. Nicht umsonst genießt es streckenweise als Flora-Fauna-Habitat höchsten Schutz. Die Anmutung wirkt noch wie vor 40 Jahren, als Georg Lohmeier von den Kulissen geschwärmt hat, die sich von Hügel zu Hügel ändern und von den Modulationen von Dur bis Moll, die das über die Landschaft streifende Auge erfreuen.

Nach wie vor darf die Isen in ihrem Tal wild mäandern und ihre Schleifen und Windungen

Direkt an der Isen in Ampfing ist eine Gedenkstätte für den tapferen Ritter Schweppermann versteckt, der sich ganz in der Nähe bei der Ritterschlacht von 1322 große Meriten erwarb. „Jedem Mann ein Ei, dem braven Schweppermann aber zwei", soll der Kaiser damals befohlen haben – so erklären sich die beiden Marmoreier die den Gedenkstein flankieren.

nach jedem Hochwasser verändern. Mal gräbt sie sich ein, mal fließt sie breit und flach, hier ist wahrlich immer alles im Fluss. Eine Begradigung hat man ihr erspart. Nur ab und zu wurde ein Mühlbach abgezweigt. Überhaupt ist die Isen ein Mühlenfluss, streckenweise kommt der Wanderer alle paar hundert Meter an einer Mühle vorbei: Schrollenmühle, Kuglmühle, Urtlmühle ... Und oft gesellt sich eine alte Kirche und ein Wirtshaus dazu.

Häufig sind entlang der Isen Naturfotografen anzutreffen, denn die sie begleitenden Niedermoore, Auwälder und Feuchtwiesen sind ein Refugium für bedrohte Tier- und Pflanzenarten. Allein 66 verschiedene und selten gewordene Vogelarten wie der bunte Eisvogel fühlen sich hier wohl und zeigen sich demjenigen, der Geduld mitbringt. Man kann den Fluss sportlich in zwei Tagen abgehen, ihm aber auch, wie der Autor Klaus-Dieter Erich, sieben Jahre lang regelmäßig folgen und all die kulturhistorischen Kleinodien entdecken, die aus dieser Gegend eine altbayerische Wunderkammer machen. Nichts Spektakuläres im Sinne der globalen Unterhaltungs- und Sensationsmaschinerie, sondern im Stillen gewachsene Preziosen.

In den Niedermooren, Auwäldern und Feuchtwiesen im Isental haben Ornithologen und Biologen mehr als 60 Vogelarten entdeckt. Unter ihnen viele selten gewordene Tiere wie den bunt schillernden Eisvogel, der seine Beute erst aufmerksam fixiert, bevor er zuschnappt.

Nach wie vor bietet die Isen Lebensraum für bedrohte Fischarten wie Elritze, Äsche, Schneider und Nasen.

Beispielsweise das am Oberlauf thronende Schloss Burgrain, in dessen Kapelle ein Gemälde die Kaiserin Kunigunde zeigt, wie sie um Buße zu tun über glühende Pflugscharen schreitet, was der Sage nach hier in Burgrain geschehen sein soll. Oder die Stadt Dorfen im Zentrum des Isentals, Stätte des Bierkriegs, des Autobahnwiderstands und einer berühmten Gnadenmadonna, die einst sogar der schwarzen Maria von Altötting Konkurrenz machte.

Den Autobahngegnern hat auch die Muttergottes nicht helfen können. Immerhin wurde der früher sehr populäre Sänger Roy Black bei so mancher Demonstration gese-

hen. Er besaß eine Fischerhütte, drunten bei Heldenstein, wo er am 9. Oktober 1991 auch gestorben ist, ähnlich rasch und einsam wie 80 Jahre vorher das Mädchen aus Anning. Dort, wo einst die Fischerhütte stand, erinnert eine kleine Gedenkstätte an der Isen an Roy Black, allerdings auf Privatgrund und schwer zugänglich. „Die schönste Zeit in Deinem Leben hat Dir dieser Platz und Deine Hütte gegeben", steht dort geschrieben. Die Hütte wurde abgerissen, auch sie musste der Autobahn Platz machen.

Die vom Wasser der Isen gespeiste Naturbadanlage in Ampfing, ein beliebtes Freizeitziel mit einem 5 000 Quadratmeter großen Schwimmteich trägt den schönen Namen Grüne Lagune.

Hans Kratzer

Ein magischer Ort

Der Weiler Engfurt an einer Isenschleife ist ein kleines Paradies

Zu den zauberhaftesten Plätzen entlang der Isen zählt die in einer Flussschleife bei Töging gelegene Ortschaft Engfurt. Wer dort die A94 verlässt, die nicht gerade attraktive Schotterebene mit ihren integrierten Gewerbegebieten durchquert und schließlich an Engfurt vorbeifährt, wird zunächst nur ein Wirtshaus registrieren und nicht ahnen, welch eindrucksvolles Ensemble mitsamt Naturidylle in der dahinterliegenden Senke verborgen liegt.

Eine von der Isen ausgeschwemmte Sandsteilwand verstärkt die magische Wirkung dieser Kulisse. Bevor man sie nach kurzem Fußmarsch erreicht, quert man zuerst den turm- und torbewehrten Biergarten der Gastwirtschaft, der mit seiner historischen Anmutung daran erinnert, dass in Engfurt früher ein herzogliches Kasten- und Steueramt angesiedelt war. Am unteren Ende des weitläufigen Hofes residiert der alte Amtshof mit dem architektonisch reizvollen Herrenhaus. Geht man dann durch den Torbogen, fällt der Blick auf das bereits erwähnte Ensemble aus Mühle, Elektrizitätswerk, Wohnhaus und einer Kirche. Die Besitzerin Mariele Vogl-Reichenspurner, die hier aufgewachsen ist, sagt, man lebe hier in einer komplett anderen Welt. In der alten Mühle wohnend, müsse sie sich manchmal direkt dazu zwingen, woanders hinzufahren, „denn es zieht mich gar nicht raus aus diesem schönen Flecken Erde. Eine schönere Kindheit als die, die ich hier erlebte, kann man sich gar nicht vorstellen."

Die barocke Klausenkirche ist kein totes Denkmal sondern eine Stätte lebendiger Frömmigkeit. Maiandachten, Hochzeiten oder Konzerte finden dort statt.

Freilich, der Schein trügt auch, die Idylle und die Gefahr gehen hier Hand in Hand. „Wir vier Geschwister waren schon früh hervorragende Schwimmer, das war unsere Lebensversicherung", sagt Frau Vogl-Reichenspurner, und trotzdem sei sie beim Spielen an den Steilwänden dreimal fast ertrunken.

Ihr Großvater Josef Reichenspurner hatte hier anno 1911 das erste Kraftwerk in der Gegend errichtet, mit dem er die Kunstmühle und ein Sägewerk mit Strom versorgte. Seine Enkelin hat den Besitz ihr Leben lang saniert und instand gehalten. Das Schicksal der Müller von Engfurt waren immer wieder die Hochwasser, besonders hart war die Familie Reichenspurner im Juli 1954 betroffen, als E-Werk, Mühle und Sägewerk zerstört und die Brücke über die Isen unterspült wurden.

Frau Vogl hat mit Hilfe der Heimatpflege und des Denkmalamts auch die Klausenkirche renoviert, ein barockes Kleinod und nach wie vor eine Stätte lebendiger Frömmigkeit. Noch heute nutzen Wallfahrer auf ihrem Weg nach Altötting den alten Pilger- und Kreuzweg, der hier vorbeiführt. Von Engfurt führt ein 14 Kilometer langer Pilgerweg direkt nach Altötting, entlang der idyllischen Isen.

Hans Kratzer

Votivtafeln wie im Inneren der Klausenkirche waren im Barock besonders beliebt. Sie sind ein symbolisches Opfer für die Errettung aus einer Notlage.

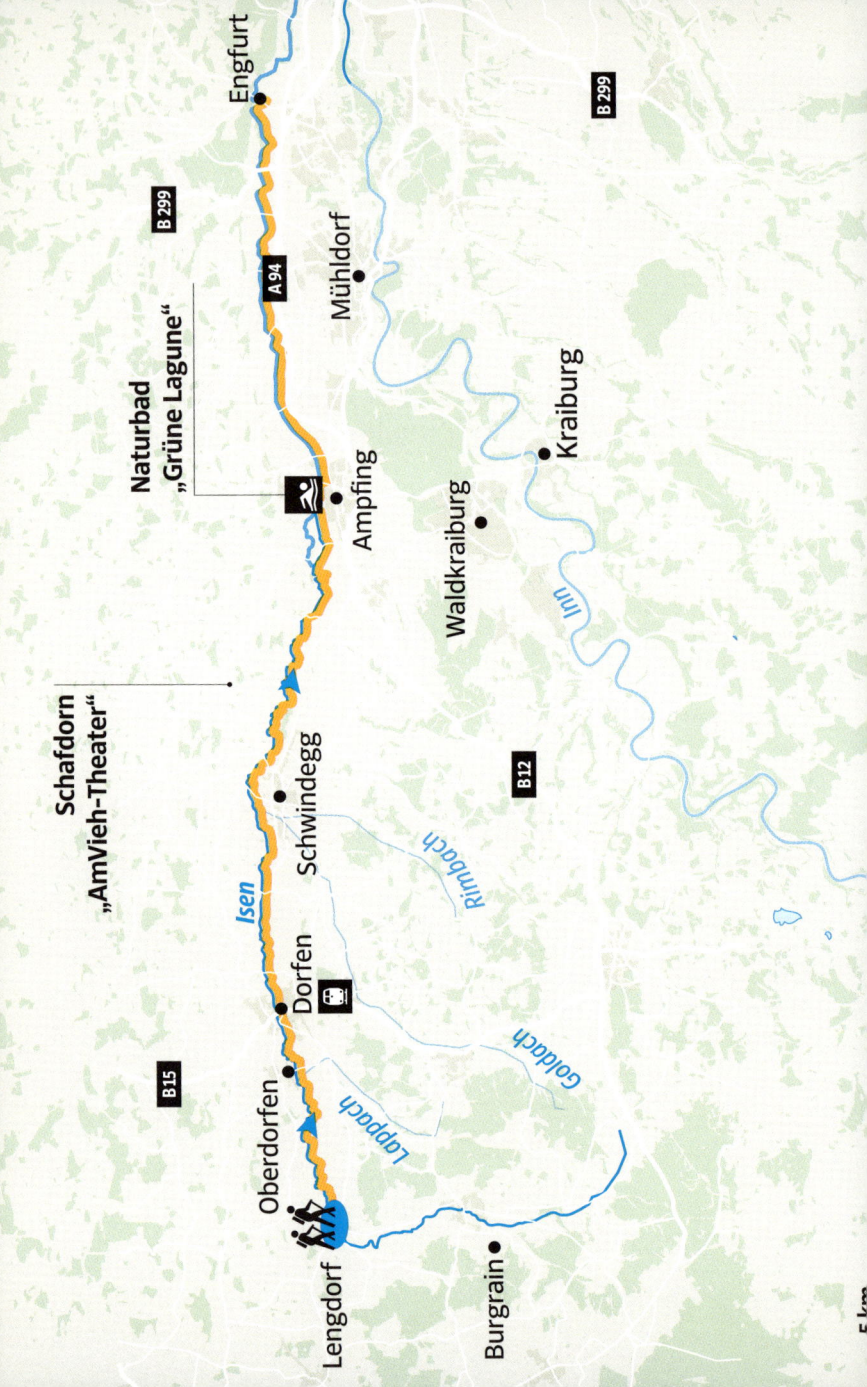

Engfurt

B 299

B 299

A 94

Mühldorf

Naturbad
„Grüne Lagune"

Kraiburg

Ampfing

Waldkraiburg

Inn

Schafdorn
„AmVieh-Theater"

B 12

Schwindegg

Rimbach

Isen

Dorfen

Goldach

B 15

Oberdorfen

Lappach

Burgrain

Lengdorf

5 km

Isen

Anfahrt: Von München aus am besten mit der Südostbayernbahn in Richtung Mühldorf fahren, an der Haltestelle Thann-Matzbach kurz vor Dorfen aussteigen, die kurze Strecke bis Lengdorf marschieren und dann direkt der Isen folgen. Sehr reizvoll sind in der Gegend zwischen Isen, Dorfen und Schwindegg die Wandertouren in das Hinterland.

Tour: Wer an den Ursprung der Isen vordringen möchte, marschiert am besten von Burgrain aus zurück, bis er nahe dem Weiler Lacken am Großhaager Forst bei Maitenbeth fündig wird. Der Wanderer kann dem 76 Kilometer langen Fluss an den Ufern folgen, wenn er bereit ist, sich auch durch feuchte Wiesen, Auwälder und Gestrüpp zu kämpfen. Er kann freilich auch auf einen der vielen Radwege ausweichen, die das Isental durchziehen, sich aber streckenweise erheblich vom Flusslauf entfernen. Andererseits bieten sie außergewöhnliche landschaftliche Reize, weil die Radwege auch auf die Höhenzüge und Hangleiten führen, auf denen grandiose Aussichtspunkte zu finden sind.

Tipp: Bei Wanderungen an der Isen sollte man ein paar Abstecher einplanen, z. B. zum Holzwirt bei Dorfen, der einen phantastischen Blick bietet. Oder zum Aussichtspunkt Schwammerl, ein als Fliegenpilz bemalter Unterstand hoch über dem Isental, und zum AmVieh-Theater mit Natur-Kunst-Pfad (Skulpturen, Gemälde, Poesie auf Baumstämmen; www.wald-der-bilder.de) in Schafdorn bei Schwindegg.

Info: Die Dorfener Ortsgruppe des Bundes Naturschutz hat zur Orientierung zwei Wanderbroschüren herausgegeben („Rund um Dorfen" und „16 ausgewählte Wanderungen im Isental"). Die Topografischen Karten des Landesvermessungsamts (L 7938, L 7738, L 7740 und L 7742) decken das gesamte Isental ab.

Familientour vor imposanter Kulisse

Das Lechtal ist heute wieder Lebensraum für viele selten gewordene Tiere und Pflanzen

Offen und glitzernd liegt er da, rechts und links eingerahmt von den Bergen. Was für ein Ausblick: An manchen Stellen wirkt der Fluss wie ein gigantisches Kiesfeld, das vor den Gipfeln der Lechtaler Alpen mit ihren Dreitausendern ausgebreitet ist. Und dann wieder verengt sich die Szenerie, dann scheint sich der Strom wie von Geisterhand zu beschleunigen.

Der Lech, der wilde Bruder der Isar, ist eine Reise wert. Wer das Tiroler Lechtal in rela-

Radfahrer am Lech haben meist verschiedene Möglichkeiten, voranzukommen: Auf beiden Seiten des Flusses gibt es Wege, oft führen auch Nebenrouten in die Berge.

tiv kurzer Zeit entdecken möchte, sollte das Fahrrad mitnehmen. Am besten man beginnt die Erkundungstour im auf 850 Meter gelegenen Reutte, wo man bequem am Flussufer parken oder vom Bahnhof aus direkt starten kann. Von hier kann man auf beiden Seiten des Flusses in südlicher Richtung bei leichter Steigung bis nach Steeg fahren.

Die 270 Höhenmeter und 52 Kilometer sind nicht gerade ein anspruchsvoller Fitnesstest, aber ein herrliches Naturerlebnis –

Schöne Aussichten: Für Wanderer und Radler bieten sich immer wieder überraschende Perspektiven auf die Lechtaler Alpen.

auf gut ausgebauten Radwegen lernt man eine abwechslungsreiche Landschaft auf die sanfte Art kennen. Auf keinen Fall sollte man den Fotoapparat vergessen: Die Auwälder und satten Wiesen, die Gebirgsbäche und hübschen Dörfer sind von nahezu paradiesischer Ruhe und Schönheit.

Zunächst mal geht die Fahrt auf dem gut ausgeschilderten Radwanderweg Lechtal am linken Ufer über Lechaschau an der Bundesstraße entlang durch einen Kieferwald bis nach Weißenbach. Wo sich früher die jahrhunderte alte Johannes-Brücke mit einem Mauthäuschen befand, steht seit der Einrichtung des „Naturparks Tiroler Lech" wieder eine Brücke für Radfahrer und Fußgänger. Die Biker bleiben nun am besten auf der rechten Seite des Flusses. Das erste Etappenziel heißt Vorderhornbach – und wer die Schautafeln am Wegrand liest, erfährt ganz nebenbei, was die Renaturierung in diesem sensiblen

Die Renaturierung des Lechs hat dazu geführt, dass das Flussbett an vielen Stellen deutlich breiter und attraktiver geworden ist.

Bereich gebracht hat. Der Lech hat Boden gut gemacht, alte Befestigungen sind verschwunden, und die Spannweite von Ufer zu Ufer hat um 50 Prozent zugenommen. Das Resultat ist heute ein 300 Meter breites Flussbett, das für viele Tiere und Pflanzen wieder zum Lebensraum geworden ist.

Das Reizvolle dieser Tour ist, dass man immer wieder den Fluss verlässt und neue Landschaften kennenlernt. Mal kommt man auf Forstwegen zu einer Hängebrücke mit einem kleinen Wasserfall, mal passiert man ein altes Jagdhaus. Es ist eine segensreiche Fahrt: Gerahmte Jesus- und Heiligenbilder, auch überdachte Kruzifixe stehen entlang des Weges – und alle paar Kilometer können geübte Mountainbiker eine Nebenroute in die Berge nehmen.

Für Abwechslung ist also gesorgt, das gastronomische Angebot ist indes nur als wechselhaft zu bezeichnen. Manche Lokale auf

Spritztour im Lech: Manchmal tut ein wenig Abkühlung ganz gut.

der Strecke haben nur in der Sommersaison verlässlich geöffnet. Im Frühjahr und Herbst sollte man daher lieber etwas Proviant mitnehmen: So ein zünftiges Picknick am Fluss gehört ohnehin dazu.

Weiter geht die Fahrt von Vorderhornbach über Martinau nach Häselgehr, wo Tiroler Fassadenmalerei und eine hübsche Kirche zu bewundern ist. Eine weitere Sehenswürdigkeit ist das Geburtshaus der berühmten Geierwally in Elbigenalp (Ortsteil Untergiblen). Die Geierwally hieß eigentlich Anna Stainer-Knittel – sie war das Vorbild für den berühmten Roman der Schriftstellerin Wilhelmine von Hillern und später für eine Reihe von heroischen Heimatfilmen. Diese Anna hatte schon 1870, mit 17 Jahren, den Mut Felswände zu besteigen und bis zu einem Adlerhorst vorzudringen – eigentlich eine Männerdomäne. Im Roman ist es ein Lämmergeier, der über dem Tal sein Nest baut, und die wilde Geierwally kennt keine Furcht vor den alpinen Gefahren: Sie schwebt im Roman zwischen Himmel und Hölle, zwischen Reichtum und Armut, zwischen hohen Gipfeln und tiefen Tälern. Ein Tiroler Lehrstück, das Kinogeschichte geschrieben hat und bis heute nachwirkt.

Feuerlilien, Frauenschuh und andere Orchideenarten wachsen in den Auwäldern entlang des Lechs.

Die meisten Mountainbiker interessieren sich allerdings weniger für lokale Mythen, sondern für die Höhenmeter, die man hier auf Nebenstrecken anhäufen kann. Eine gute Anlaufstelle für Flussfahrten befindet sich ebenfalls in Häselgehr: Lechtaler Wildwassersport heißt die Firma der Familie Friedle, die auf Erlebnisurlaub spezialisiert ist; wer will, kann auf diese Weise auch die einsamen Wasserfälle und Schluchten kennenlernen.

Die letzten zehn Kilometer der Tour führen vom Örtchen Bach über die Bundesstraße Richtung Stockach. Am Ende des Dorfes gelangt man über die Sulzlbachbrücke und überquert drei Mal den Fluss, bevor man ins langgezogene Steeg kommt. Und hier lohnt es sich definitiv, erst einmal einzukehren. Zum Beispiel im Gasthaus Stern, wo die Wirtsleute auf Tiroler Küche und regionale Produkte setzen: Im Biergarten kann man Kraft schöpfen,

wenn man am selben Tag zurück nach Reutte fahren will. Gemütlicher ist es aber definitiv, eine Nacht zu bleiben und sich ganz auf das Lechtal einzulassen. Dann hat man auch noch genügend Zeit, um die Naturkneippanlage beim Hägerauer Wasserfall aufzusuchen. Nach einem Tag in der Sonne tut ein wenig Abkühlung vielleicht ganz gut.

Christian Mayer

Elbigenalp, im Volksmund „das Duarf" genannt, ist nicht nur die älteste Ansiedlung im Tal, sondern auch Geburtsort der Geierwally.

Der wilde Bruder der Isar

Der Lechfall bei Füssen gehört offiziell zu Bayern schönsten Geotopen

Der 256 Kilometer lange Lech entspringt im österreichischen Vorarlberg in einer Höhe von 1840 Metern. Ganz in der Nähe der beiden Quellbäche liegt auch der Formarinsee, hinter dem sich die Rote Wand abzeichnet – ein beliebtes Ziel für Alpinisten.

Der Fluss fließt zwischen Lechtaler Alpen und Allgäuer Alpen Richtung Norden durch Tirol und bietet eine Fülle von touristischen und sportlichen Attraktionen. Besonders beliebt ist der wilde Teil des Lech – der gleichnamige Ort im Bezirk Bludenz zählt zu den berühmtesten Wintersportgebieten in ganz Österreich. Die Strecke von Steeg bis zur deutschen Grenze ist besonders für Fahrradfahrer und Wanderer attraktiv – vor allem, seitdem weite Teile renaturiert sind.

Auf der bayerischen Seite zeigt sich der Fluss, der kurz zuvor auch die Vils aufnimmt, von der spektakulären Seite: Am südlichen Rand von Füssen befindet sich der Lechfall, hier stürzt der Fluss etwa zwölf Meter in die Tiefe. Seit 2005 gehört dieses Naturdenkmal offiziell zu Bayerns schönsten Geotopen – die Engstelle ist schließlich die einzige Schlucht in den bayerischen Alpen, durch die ein Fluss noch frei und ungehindert fließen kann.

Nach Füssen fließt der Lech durch den Forggensee und passiert auch Neuschwanstein. Auf deutscher Seite ist die Flusslandschaft relativ stark besiedelt und viel weniger ursprünglich, Bauwerke wie die Lech-

Der Frauenschuh, die vielleicht prächtigste Orchidee in den Alpen, gedeiht auf kalkreichen Böden wie sie entlang des Lechs vorkommen.

talbrücke Schongau prägen das Bild. Landsberg am Lech, aber auch Augsburg sind mit dem Fluss groß geworden. Nördlich von Augsburg beginnt eine starke Begradigung und Kanalisierung. Östlich von Donauwörth im nördlichen Schwaben mündet der Lech dann in die Donau. Wichtigster Zufluss ist die knapp 160 Kilometer lange Wertach.

Historisch bedeutsam ist die Schlacht auf dem Lechfeld (zwischen Landsberg, Augsburg und Mering) am 10. August 955, bei der König Otto I., der spätere Kaiser, die ungarischen Reiter besiegte – Historiker bezeichnen diese Schlacht gelegentlich als Geburtsstunde der deutschen Nation.

Aus Sicht von Umweltschützern hat sich am Lech in den vergangenen Jahren einiges getan, etwa die Einrichtung des Naturparks Tiroler Lechtal, die sich erfolgreich gegen neue Kraftwerke gewehrt hat. Unter strengem Naturschutz stehen auch die wenigen verbliebenen Lechtalheiden zwischen Landsberg und Augsburg.

Christian Mayer

Auf einer Brücke kann man die tosenden Fluten des Lechfalls aus sicherer Entfernung bewundern.

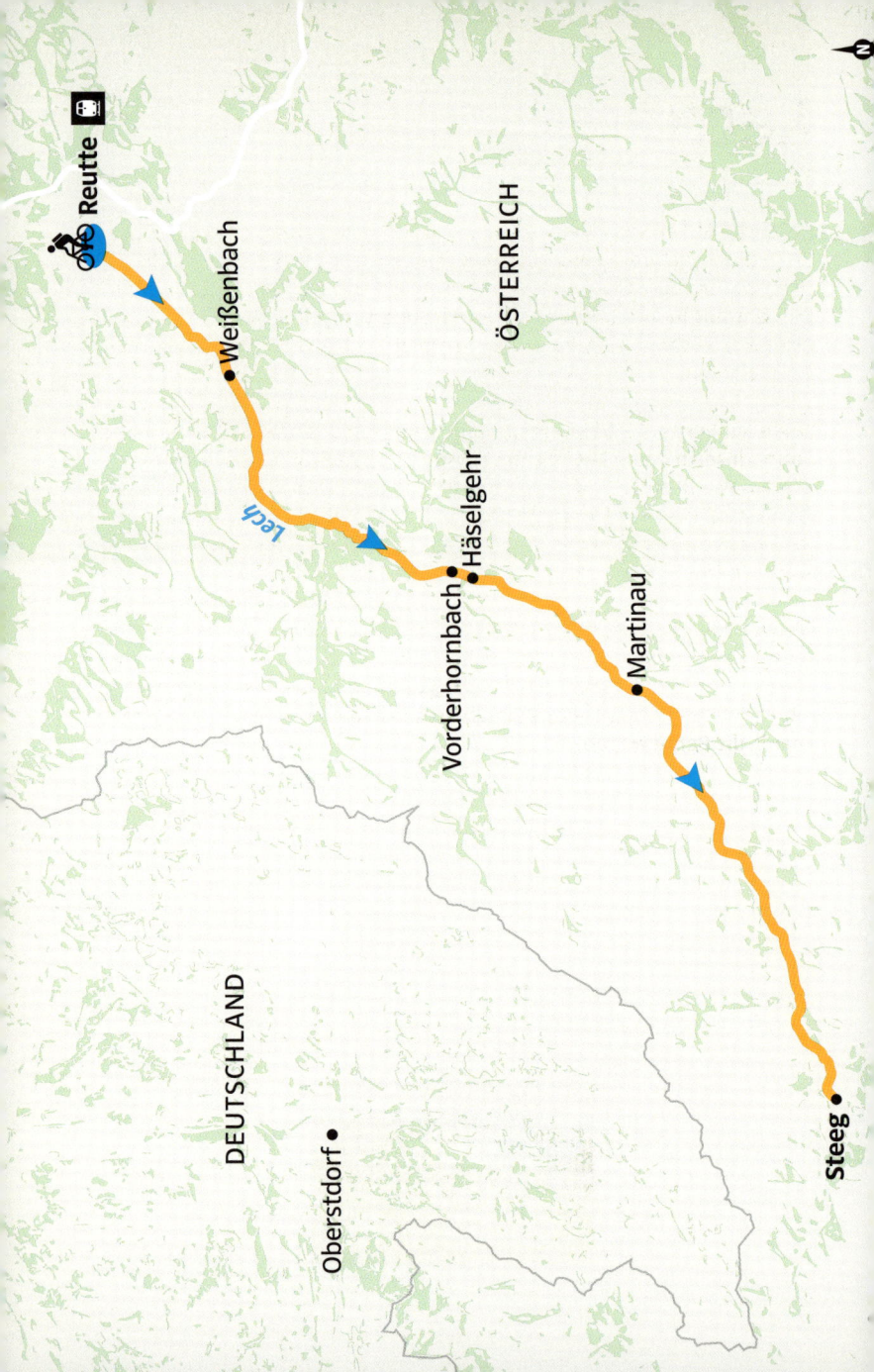

Reutte

Weißenbach

Lech

ÖSTERREICH

Häselgehr

Vorderhornbach

Martinau

DEUTSCHLAND

Oberstdorf

Steeg

Lech

Anfahrt: Mit der Bahn von München über Garmisch und Lermoos in etwa drei Stunden. Mit dem Auto von München auf der A95 über Garmisch, Lermoos bis nach Reutte sind es 165 Kilometer, Fahrtzeit etwa zwei Stunden. Die Fahrradtour von Reutte nach Steeg dauert ungefähr vier Stunden. Wer nicht übernachten mag, kann von Steeg mit dem Bus Nr. 4268 nach Reutte zurückfahren.

Tour: Seit Juli 2012 gibt es einen neuen Lechweg, der von der Quelle beim Formarinsee bis zum Lechfall bei Füssen führt. Auf rund 125 Kilometern können Wanderer in 15 detailliert beschriebenen Abschnitten die spektakulärsten Seiten des Flusses erleben – Wasserfälle, Hängebrücken, wilde Orchideen und ein großartiges Bergpanorama. Der Lechweg ist der erste zertifizierte Leading Quality Trail in Europa. (www.lechweg.com).

Übernachtung: Die Auswahl fällt wirklich schwer angesichts der schieren Menge angenehmer Übernachtungsmöglichkeiten. Wer genau auf halber Strecke in Vorderhornbach oder Häselgehr übernachtet, kann sich intensiv auf das Naturerlebnis Lechtal einlassen und eventuell noch einen Abstecher in die Berge wagen.

Mit dem Radl durch die bayerische Geschichte

Der Traun-Alz-Radweg führt ohne große Umwege von der römischen Göttin Ceres bis zum Papst

Diese Frau passt auf. Wer Feldfrüchte stiehlt, den bestraft sie. Zumindest wird das in der römischen Mythologie so erzählt. Bei der resoluten Dame handelt es sich um die Göttin Ceres, und wer entlang der Alz von Marktl aus Richtung Inzell oder Ruhpolding radelt, der wird ihr gut 20 Kilometer entfernt vom Geburtsort des Papstes Benedikt XVI. begegnen. Bei Burgkirchen steht sie am geteerten Wegesrand, aus Holz geschnitzt und mit der für sie typischen Ähre dargestellt. Die Gemeinde wurde 790 nach Christus erstmals urkundlich erwähnt, was aber

Entlang zweier munterer Gebirgsbäche führt der Traun-Alz-Radweg entweder von Inzell an der Roten oder von Ruhpolding an der Weißen Alz aus dem Gebirge heraus.

nicht darüber hinwegtäuschen darf, dass Menschen in der Umgebung schon seit mehr als 6 000 Jahren siedeln. Bei Höresham fanden Archäologen eine römische Villa Rustica. Heute erinnert unter anderem Ceres auf dem Burgkirchener Geschichtsweg an die einstigen Einwohner.

Auf dem Traun-Alz-Radweg, der an Burgkirchen vorbeiführt, lässt sich Geschicht-

liches aus verschiedenen Epochen erleben. Insgesamt erstreckt er sich über knapp 95 Kilometer zwischen Inzell oder Ruhpolding und Marktl, von den Bergen im Chiemgau also bis hinunter nach Niederbayern. Dementsprechend vielfältig sind die Eindrücke, die der Radler hier ohne große Anstrengung erleben kann: Gebirge und Voralpenland, Burgen, Schlösser, Klöster, Ausgrabungen und Kirchen, Industriebetriebe und historische Bahnstrecken. Die Kelten waren hier, die Römer auch. Danach regierten die bayerischen Herzöge und Salzburger Bischöfe.

Bei Altenmarkt mündet die Traun in die Alz. In ihrem ruhigen Fahrwasser von Seebruck bis oberhalb des Alz-Wasserfalls werden selbst sportliche Kajakfahrer gemütlich.

Auf der Fahrt durch den Chiemgau sollte man ruhig immer wieder mal vom Rad absteigen und atemberaubende Ausblicke genießen, wie hier auf die Kampenwand.

Beginnen kann man die Tour sowohl in Ruhpolding wie auch in Inzell. Der Radler fährt also entweder an der Weißen Traun oder an der Roten Traun entlang aus dem Gebirge heraus, bis sich die beiden Flussschwestern bei Siegsdorf vereinen und von da an als Traun Richtung Traunstein weiterfließen.

Kurz hinter der Großen Kreisstadt gelangt man auf gut ausgebauten Radwegen zu Schloss Pertenstein, ein Wasserschloss, das idyllisch zwischen Matzing und Traunwalchen liegt. Die mittelalterliche Burg wurde

um 1290 erstmals erwähnt und befindet sich seit 1382 im Besitz der Grafen zu Toerring-Jettenbach. Zweimal wurde das Gebäude umgebaut: einmal 1596 von Barbara Lucia Freifrau von Toerring-Stein und ein weiteres Mal 1744 vom kaiserlichen Feldmarschall Ignaz Graf von Toerring-Jettenbach. Majestätisch erheben sich die weißen Mauern heute gleich neben dem Ufer in den Himmel. Der Heimatbund Schloss Pertenstein kümmert sich rührig um den Erhalt. Das Schloss ist typisch für den Chiemgau der vergangenen Jahrhun-

Bayern aus dem Bilderbuch: Haus am Schulkanal am südlichen Stadtrand von Trostberg.

derte, in dem viele kleine Landschlösschen, Hofmarken und Adelssitze entstanden.

Von dort aus führt der Weg weiter nach Hörpolding. Der Ort im Gebiet der Stadt Traunreut hat noch etwas, was in den meisten Teilen Bayerns mittlerweile längst ausgestorben ist: Bahnwärter. Hin und wieder haben sie allerhand zu tun, beispielsweise wenn die Schranke an der Bundesstraße 304 überprüft wird. Dann müssen sie händisch darauf hinweisen, wenn die Züge kommen. Im Unterdorf findet sich ihr Revier, ein kleiner Bahnhof mit ebenerdigem Bahnhäuschen, einer hölzernen Bank und vielleicht vier Parkplätzen. Er ist unscheinbar hinter großen Bäumen versteckt. Und doch blickt er auf eine wechselvolle Historie zurück. Erstmals hielt ein Zug am 31. August 1891 hier, als die Bahnstrecke zwischen Trostberg und Traunstein eingeweiht wurde. In den 1940er Jahren wurde er enorm ausgebaut, um die nahegelegene Munitionsanstalt schneller bedienen zu können. Sechs Gleise zählte Hörpolding damals und zwei Brücken, von denen es heute aber nur noch eine zu bewundern gibt.

Zugfans kommen in der Region ohnehin auf ihre Kosten. Traun- und Alztal sind durchzogen von Eisenbahnstrecken. Den Radfahrer oder Wanderer muss das allerdings nicht stören. Es ist gelungen, den Traun-Alz-Weg weitgehend abseits von belasteten Verkehrstraßen zu gestalten. Kurz vor Altenmark lohnt sich ein Abstecher zum Kloster Baumburg, dessen unverwechselbares Turmpaar schon von weitem erkennbar ist. Schon 1020 ist hier die erste Mönchszelle in der Nähe der Burg „Paumpurch" nachweisbar, 1105 gründete sich ein Augustiner Chorherrenstift. Von der dreischiffigen romanischen Basilika aus dem Jahr 1156 sind heute noch die beiden nach Westen gerichteten Türme erhalten.

Der Pienzenauer Brunnen erinnert an die Kapitulation Trostbergs während der Belagerung durch Maximilian I.

Kloster Baumburg mit seinen charakteristischen Zwiebelhauben beherbergt heute ein Seminarhotel.

Die Papstglocken – Traunsteiner Bürger stifteten sie dem Erzbischöflichen Seminar, an dem Papst Benedikt einst Schüler gewesen war.

Geburtshaus
Papst Benedikt XVI.
geboren und getauft
als Joseph Aloisius Ratzinger
16. April 1927
gewählt zum Papst
19. April 2005

Eng verbunden mit dem Kloster ist die Gemeinde Altenmarkt, die, wie der zweite Teil des Namens bereits andeutet, viele Jahre hinweg die handwerkliche Siedlung der klösterlichen Hofmark Baumburg war. In der Gemeinde, die am Ausgang des Landschaftsschutzgebiets Oberes Alztal liegt, treffen Traun und Alz zusammen. Gleich daneben gibt es einen Wasserfall, der jedoch wahrscheinlich lediglich von Touristen so genannt wird. Einheimische lachen darüber nur, handelt es sich doch eher um eine Wassertreppe. Die Alz strömt hier hinab über Felsen und Wehre. Nun geht es am rechten Alzufer weiter nach Trostberg, das sich auf den ersten Blick wenig historisch präsentiert. Vielmehr steht hier eine Papierfabrik, die die enorme Wasserkraft der Alz nutzt. Im örtlichen Chemie-Park haben sich auch andere internationale Industrieunternehmen niedergelassen, die die Gemeinde zu einem Pfeiler des südostbayerischen Chemiedreiecks machen. Es ist die breitgelagerte Alz mit ihren vielen Inseln, Sandbänken und Schilfzungen gewesen, die diese Entwicklung ermöglichte.

Ein paar hundert Meter weiter steht ein Denkmal, das verwundert. Ein kleiner Kerl streckt
da unverhohlen sein nacktes Hinterteil in die
Luft. Es ist der herzögliche Pfleger Hans von
Pienzenau (1492-1499). Der soll 1504 eben
dieses Körperteil bei der Belagerung von Kufstein einem Kaiser, Maximilian I., präsentiert
haben. Mit wenig Erfolg: Der Ritter wurde ge-
köpft. Früher einmal stellte die Alz die Grenze zu Österreich dar, Trostberg galt als letzte
Bastion vor Salzburg. Das ist heute noch an
der Bauweise im alten Teil erkennbar: Dort
reihen sich die Häuser aus Platzmangel eng
aneinander.

Demjenigen, der sich nun auf den Weg
nach Burgkirchen macht, dem gelingt ein
Zeitsprung von mehreren hundert Jahren in
nur 30 Kilometern, von der frühen Neuzeit
zurück in die Epoche der Römer, zu Ceres und
der römischen Villa, die nach ihrer Freilegung
allerdings wieder zugeschüttet wurde. Über
die Halsbachbrücke führt der Weg in den Ort –
mit idyllischer Ruhe ist es zunächst vorbei.
Die Ausschilderung ist gut, die Alz schnell
wieder erreicht. Nun aber muss man entlang
der Straße nach Emmerting fahren, hinein in

*Christliches
Merchandising:
Papstbrot, Papstbier,
Papstschnitten,
-kerzen, -tassen ...
Die Geschäftsleute
von Marktl am Inn,
dem Geburtsort Papst
Bendikts XVI., sind da
sehr erfinderisch.*

*Alles ruhig und fried-
lich: Vom Fluss aus ist
das geschäftige Treiben
in Marktl nicht zu
sehen.*

den Ortsteil Seng und nach Hohenwart. Erst nach der Kirche kommt wieder ein kleiner Kiesweg und mit ihm ein dichter Wald. Und ein paar Kilometer weiter ein Golfplatz – er gehört bereits zu Marktl. Hier fließt die Alz in den Inn.

Wer hierher kommt, der will natürlich das Geburtshaus des Papstes sehen. Das zweistöckige ehemalige Mauthaus am Marktplatz ist weiß gestrichen und hat dunkle Fensterläden. Dass es bereits 1701 erbaut wurde, sieht man ihm nicht an. Seit 2007, dem 80. Geburtstag von Benedikt XVI., können Touristen es besichtigen. Das Gebäude kennt jeder, Marktl aber bietet mehr: den Landgasthof Leonberg etwa im Naturschutzgebiet Innleiten. Nach der Tour und all den neuen Informationen hat man sich eine Stärkung im Biergarten redlich verdient.

Melanie Staudinger

Geschichten vom wilden Heinz

Die düstere Höhlenburg in Stein an der Traun lehrt ihre Besucher das Fürchten

Es hätte eine so schöne Liebesgeschichte sein können zwischen Siegfried von Gebsattel und seiner Waltraud. Doch dann mischte sich Heinz von Stein ein. Auf einem seiner Raubzüge entführte er das Mädchen. In seiner Burg in Stein an der Traun müssen sich dramatische Szenen abgespielt haben: Dort hielt er Waltraud gefangen. Ihren Vater Gravenecker, den Maier von Trostberg, richtete er kaltschnäuzig hin, als dieser seine Tochter befreien wollte. Und als Siegfried endlich kam, um seine Holde zu retten, war diese bereits tot. Waltraud nahm sich das Leben, weil sie ihre Unschuld nicht an Heinz verlieren wollte. Der Raubritter von Stein muss wirklich ein abscheulicher Mann gewesen sein: Hässlich war er – und frevelhaft.

Die Geschichten vom wilden Heinz sind freilich historisch nicht belegt, sie halten sich aber schon seit dem 13. Jahrhundert. Mittlerweile braucht es solche Beweise nicht mehr. Zum einen hat die Legende ohnehin schon eine so lange Zeit überdauert, dass sie wohl nicht mehr aus den Köpfen zu tilgen ist. Zum anderen aber ist es für den Gruselfaktor der Burg vollkommen unerheblich: Sie hat auch ohne den wilden Heinz eine ebenso düstere wie ungewöhnliche Geschichte. Als gesichert gilt, dass in dem Gemäuer um das Jahr 1130 Ritter lebten. So steht es in der Chronik des

In den kilometerlangen Gängen der Höhlenburg soll Raubritter Heinz von Stein im 13. Jahrhundert sein Unwesen getrieben haben.

nahen Klosters Baumburg. Die Ritter von Stein sind dort als Landplage beschrieben, Bernhard von Stein soll gleich drei Knechte erschlagen haben.

Die Burg gibt es nachweislich seit dem frühen 12. Jahrhundert. Bodenfunde und ein nahegelegenes Hügelgräberfeld deuten aber darauf hin, dass bereits die Kelten die Höhlen als Versteck nutzten. Die Anlage diente wohl dazu, den Salzhandel durch das Trauntal zu schützen. Der militärische Nutzen der Anlage war eher zweifelhaft. 1231 und 1435 wurde sie erstürmt und dabei beschädigt. 1504 allerdings hielt sie im Landshuter Erbfolgekrieg einer Belagerung durch das Heer Kaiser Maximilians I. stand.

Heute realisiert der Besucher erst beim Näherkommen, dass die gesamte Burg eigentlich aus drei Teilen besteht. Das Hochschloss steht oben an der etwa 50 Meter hohen Nagelfluhwand auf vorgeschichtlichem Siedlungsboden. Möglicherweise stammt es sogar aus der Römer- oder Keltenzeit. Am Fuße befindet sich das Untere Schloss, das seit 1948 ein Gymnasium beherbergt.

Dazwischen, etwa auf halber Höhe, liegt die schaurig-düstere Höhlenburg, die größte ihrer Art in Deutschland. Besucher können sie in einer Führung besichtigen. Sie alle müssen eine Taschenlampe mitbringen, denn elektrisches Licht gibt es nämlich nicht. Der Burgführer verteilt Kerzen, die Gruppen zwängen sich durch enge, gewölbte Gänge. Im Halbdunkel zeigt er die Folterkammer, den unheimlichen Brunnenschacht, in den die Feinde hinuntergestürzt wurden, und das Waltraud-Zimmer. An einer Wand kleben sogar noch alte Blutflecken. Wer sich da nicht gruselt, der ist selbst schuld.

Melanie Staudinger

Blut-, Hunger- oder Leichenturm, so die schaurig-schönen Bezeichnungen für den Außenturm der größten Höhlenburg Deutschlands.

Marktl

Inn

Burgkirchen

Garching

ÖSTERREICH

Stein an der Traun

Trostberg

Tachinger See

Alz

Chiemsee

Traunstein

DEUTSCHLAND

Ruhpolding

Inzell

2 km

N

Traun · Alz

Anfahrt: Als Startpunkte für eine Radtour empfehlen sich Inzell oder Ruhpolding. Von München aus fahren Züge über Traunstein nach Ruhpolding. Die Anreise nach Inzell ist schwieriger, da es keine Bahnverbindung gibt, dafür einen Pendelbus nach Traunstein. In Marktl angekommen, lässt es sich auch wieder mit dem Zug heimfahren. Gut für Familien: Auf der Strecke gibt es immer wieder Bahnhöfe. Niemand muss also 95 Kilometer fahren, wenn er nicht will. Wer nur wandern möchte, dem sei beispielsweise die knapp zehn Kilometer lange Strecke von Hörpolding nach Trostberg, der Traun-Alz-Wanderweg, empfohlen.

Tour: Dieser familienfreundliche Radweg führt meist auf Kieswegen entlang der Traun und der Alz von Inzell über Traunstein, Trostberg, Garching und Burgkirchen nach Marktl. Auf den 95 Kilometern gibt es nur geringfügige Steigungen und Gefälle. Die Strecke ist perfekt ausgeschildert. Nur das kleine Schild in Wiesmühl auf der Verkehrsinsel ist schlecht sichtbar, man sollte darauf achten, dass man rechts nach Feuchten abbiegt. Wichtig ist auch, die Hinweiszeichen genau zu lesen, nicht dass man sich plötzlich auf dem Alz-Inn-Radweg befindet.

Übernachtung: Wer die Tour lieber in zwei Etappen machen möchte, der kann im Gasthof Hörterer „Der Hammerwirt" (www.der-hammerwirt.de) im Ort Hammer bei Siegsdorf übernachten. Empfehlenswert ist auch der Gasthof Inntalhof in Kirchdorf am Inn (www.inntalhof.de).

Infos: Karten der Strecke sind meist kostenlos in den Rathäusern oder Touristen-Informationen der größeren Gemeinden zu bekommen. Der Tourismusverband Chiemgau hat die Chiemgau-Chiemsee Radkarte herausgebracht, erhältlich unter Telefon: 0861/58223.

Gelebtes Brauchtum: Der Schwertertanz in Traunstein, der dem Georgiritt zu Ehren des Heiligen Georg vorangeht.